Puzzleteile eines Migrantenlebens • Radin N. Soetarjono

Puzzleteile eines Migrantenlebens

Eine deutsch-indonesische Autobiografie

Radin N. Soetarjono
unter Mitarbeit von Nicky Chue

Edition AVRA

Bibliografische Information der Deutschen Nationalbibliothek
Die Deutsche Nationalbibliothek verzeichnet diese Publikation in der Deutschen Nationalbibliografie; detaillierte bibliografische Daten sind im Internet über http://dnb.d-nb.de abrufbar

Eine Marke der Frieling & Huffmann GmbH & Co. KG
Rheinstraße 46 · D 12161 Berlin
Telefon: (0 30) 76 69 99-0
www.frieling.de

ISBN 978-3-8280-3621-5
1. Auflage 2021
Bildnachweis: Pixabay
Bildgestaltung: Nicky Chue

Printed in Germany

INHALTSVERZEICHNIS

VORWORT

Im Laufe seines Lebens sammelt jeder Mensch Erfahrungen, aus denen er mehr oder weniger lernt und Erkenntnisse gewinnt. Nun frage ich mich oft, wozu ich Erkenntnisse aus meinem Leben gezogen habe, wenn ich sie alle mit in den Tod nehme. Als Antwort darauf versuchte ich in Gesprächen und Diskussionen mit meinen Mitmenschen diese Erkenntnisse weiterzugeben. Es stellte sich aber heraus, dass man bei solchen Gelegenheiten höchstens nur Fetzen seiner zusammenhängenden Meinung an den Mann bringen konnte. Ich musste immer wieder feststellen, dass ich bei solchen Gesprächen auch selbst aus Ansichten anderer Gesprächspartner in irgendeiner Form etwas dazu gelernt habe, egal ob sie positiver oder negativer Art waren.

Nun lebe ich bereits seit fast neun Jahrzehnten auf dieser Welt, und die letzten Dreiviertel davon verbrachte ich als gebürtiger Javaner bzw. Indonesier in Europa bzw. Deutschland.

Ich hoffe, man betrachtet mich nicht als einen an Selbstüberschätzung leidenden Menschen, wenn ich jetzt anfange, meine Gedanken und Erkenntnisse niederzuschreiben und als Buch erscheinen zu lassen. An erster Stelle möchte ich meine Zeilen denjenigen Personen, die mir am nächsten und liebsten sind, widmen. Viele Gedankenanstöße kamen auch von ihnen. Es wäre aber eine große Genugtuung für mich, wenn der Inhalt dieses Buches außerdem das Interesse eines breiteren Publikums erfahren würde. Eine Resonanz hierzu würde ich dankbar entgegennehmen.

Der erste Schritt ist immer der schwerste. So war es auch mit dem Entschluss, erstmalig mit diesen Zeilen meine Gedanken systematisch niederzuschreiben, damit sie (hoffentlich) ein Buch füllen könnten. Da ich die deutsche Sprache nicht mit der Muttermilch aufgesogen habe und sie erst im Erwachsenenalter gelernt habe, beherrsche ich sie nicht vollkommen. Ohne das große Verständnis und Mitwirken meiner Familienangehörigen (meiner Frau Dorothee, meiner Tochter Indira Chue und meines Enkelkindes Nicky Chue) und anderer vertrauter Personen wären meine niedergeschriebenen Zeilen deshalb wahrscheinlich nie druckreif geworden. Ihnen gilt mein größter Dank. Außerdem danke ich dem Frieling-Verlag und allen, die an diesem Buch direkt und indirekt mitgewirkt haben.
Seit meinem Ruhestand 1996 interessiere ich mich immer mehr für psychologische und philosophische Themen. Bekannte Philosophen gab und gibt es auf der Welt unzählige und in Deutschland sehr viele, doch leider kenne ich die meisten davon nur namentlich. Bücher zu lesen ist nicht gerade meine Stärke und bis heute befasse ich mich überwiegend mit technischen Sachbüchern oder politischen bzw. wirtschaftlichen Publikationen. Aus diesem Grund kann ich nicht beurteilen, ob einige meiner Erkenntnisse bereits von anderen Autoren beschrieben wurden - die Leser mögen mir verzeihen, wenn ich keine Literaturhinweise in diesem Buch führe. Es ist nicht mein Ehrgeiz, ein wissenschaftliches Buch zu verfassen, son-

dern mein Leben zu beschreiben und Thesen aus meinen Lebenserkenntnissen aufzustellen, sie durch diese Veröffentlichung zu verbreiten und ggf. zur Diskussion zu stellen. Weil ich gebürtiger Asiat und zwanzig Jahre in einer asiatischen Welt aufgewachsen bin, aber für den Großteil meines Erwachsenenlebens in einem europäischen Umfeld gelebt habe, habe ich möglicherweise Ansichten zum Leben, die von denen der deutschen Allgemeinheit abweichen. Diese stelle ich mit dieser Veröffentlichung zur Diskussion.

Die ersten zwanzig Jahre meines Lebens verbrachte ich auf Java in Indonesien und wuchs in einem javanisch-indonesischen Kulturkreis auf. Die vergangenen sechzig Jahre lebte ich integriert in Berlin. Meiner Meinung nach könnte ein (nach dem heutigen Sprachgebrauch) Migrant sich niemals solange in der deutschen Mehrheitsgesellschaft gut behaupten, ohne sich an diese angepasst zu haben. Insoweit fühle ich mich - nicht anders als die hier geborenen Bürger - als Berliner. Manche Leute bezeichnen mich auch als einen Rucksack-Berliner.

Ich stelle mir oft selbst die Frage:

„Bin ich ein Berliner Indonesier oder bin ich ein indonesischer Berliner?"

Vielleicht können Sie, verehrte Leserinnen und Leser, mir nach der Lektüre dieses Buches eine Antwort auf diese Frage geben.

AUTOBIOGRAPHIE

DIE ERSTEN 20 JAHRE MEINES LEBENS

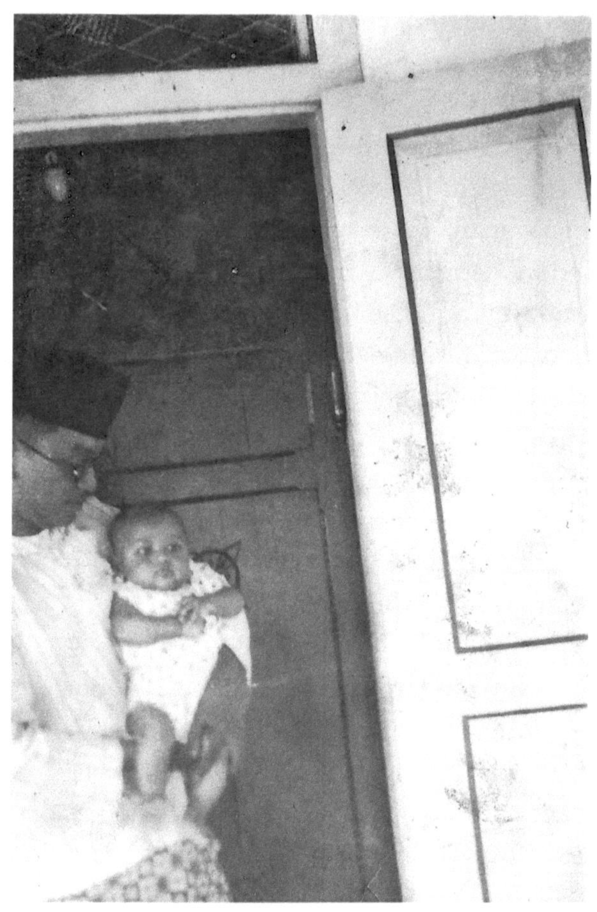

1. Malang 1933. Mein Vater und ich.

FRÜHE KINDHEIT

Die Gebirgsstadt Malang in Ost-Java liegt etwa 80 km südlich von Surabaya, der zweitgrößten Hafenstadt der indonesischen Insel Java. Java war und ist die Hauptinsel des ehemaligen Niederländisch-Ost-Indien bzw. des heutigen Indonesien, weil sich dort dessen Hauptstadt befindet. Sie beherbergt seit jeher den Großteil der Bevölkerung des Landes und ist die am dichtesten bevölkerte Insel der Welt. Malang liegt 666 Meter über der Meeresoberfläche.

Dort kam ich am 24. Dezember 1932 als fünftes Kind meiner Eltern mit dem Namen Raden Soetarjono (Rufname Nanang) zur Welt. Damals war Indonesien noch eine niederländische Kolonie namens Niederländisch-Ost-Indien, dessen Hauptstadt Batavia (heute Jakarta) hieß. Zu diesem Zeitpunkt hatte ich jeweils zwei ältere Brüder und Schwestern. Aufgewachsen und zur Schule gegangen bin ich in der Stadt Kediri fünf Stunden westlich von Malang, nachdem mein Vater aus Berufsgründen dorthin versetzt wurde. Hier brachte meine Mutter noch sechs weitere meiner Geschwister zur Welt, fünf Brüder (darunter ein Zwillingspaar) und eine Schwester. Von den insgesamt elf Kindern meiner Eltern lag ich altersmäßig genau in der Mitte - mein ältester Bruder war zehn Jahre älter und mein jüngster zehn Jahre jünger als ich.

Mein Vater war ein gebildeter Javaner mit niederländischer Kolonial-Schulerziehung, der als Leiter der Steuer- und Zollbehörde in Malang tätig war. Meine Mutter hatte leider keine Schulbildung erfahren, war aber eine herzensgute liebe Mutter und eine fleißige und tüchtige Hausfrau; sie widmete einen Großteil ihrer Zeit der Haltung und Zuwendung von Singvögeln, Pflanzen und unseren vielen Haustieren.

2. Meine Eltern, gemalt von meinem Bruder Herman. Mein Vater verstarb 1950 zweiundfünfzigjährig und meine Mutter 1959 im Alter von 59 Jahren.

Unsere Familie gehörte in den 1930er Jahren zur privilegierten Schicht der feudal strukturierten javanischen Gesellschaft, der sogenannten „*Priyayi*"-Schicht (Amtsadel). Mehrstöckige Wohnhäuser gab es in Kediri damals nicht - *Priyayis* wohnten in Einfamilienhäusern aus Stein und Beton, oft mit kleinen Gärten. Sie gehörten meistens zu den wenigen einheimischen Akademikern (Ärzte, Apotheker, Anwälte usw.) oder dem Verwaltungsapparat (Beamten).

Die niederländischen Kolonialherren wohnten in moderneren Einfamilienhäusern, meistens mit größeren Gärten. Die einfache Bevölkerung lebte überwiegend in den umliegenden Dörfern, meist in Häusern mit Wänden aus geflochtenem Bambus bzw. einer Kombination aus Steinwänden und Bambus.

Reihenhäuser gab es kaum; die wenigen, die existierten, standen in Gewerbegebieten und gehörten fast alle der chinesischen Minderheit, die im Allgemeinen wohlhabender war als die einheimische Bevölkerung. Die Chinesen waren Migranten, die sich rasch integrierten und Dank ihrer Tüchtigkeit, ihrer Ausdauer und ihrem Fleiß schnell die Mittelschicht bildeten und sich in der Wirtschaft behaupteten.

Das Haus meiner Eltern war zwar relativ groß, aber schon damals alt. Im Hauptgebäude führte die Eingangstür zum Wohnraum, in dem wir Gäste empfingen; das Arbeitszimmer meines Vaters war direkt nebenan. Der anschließende Gang führte zu den Schlafzimmern, zu Mutters Arbeitszimmer (meine Mutter und meine älteren Schwester nähten gern unsere Kleidung selbst) und mündete in unser Esszimmer. Außer dem Elternschlafzimmer waren die Schlafräume nach Alter und Geschlecht aufgeteilt, ich teilte mir ein Zimmer mit meinen jüngeren vier Brüdern.

Unser Einfamilienhaus hatte eine große Veranda und ein Nebengebäude, wo die Küche, das Badezimmer, die Toilette, die Vorrats- und Lagerräume, der Schlafraum unserer Bediensteten und die Autogarage untergebracht waren. Neben der Garage gab es ein Lager für Brennholz und einen kleinen Stall für Federvieh und Ziegen, sowie Bademöglichkeiten und sanitäre Einrichtungen für die Hausangestellten.

LEBENSVERHÄLTNISSE

In unserer damaligen Wohngegend gab es noch kaum öffentliche Wasserversorgung, Anschluss an eine Leitungswasserversorgung hatten wir nicht. Es wurden über Zinkblechrohre zweimal pro Tag drei Wasserreservoirs mit Brunnenwasser gefüllt, jeweils im Bad, in der Küche und im Toilettenraum.
Elektrizität hatten wir zwar, aber die Leistung war so begrenzt, dass wir den Strom nur zur Beleuchtung und für kleinere Geräte wie eine elektrische Nähmaschine, einen kleinen Kühlschrank und einen Toaster verwenden konnten.
Bis zum Einfall der Japaner Anfang 1942 auf Java hatten wir zeitweilig bis zu sechs Haushaltshilfen, zwei davon Männer (Chauffeur und Gärtner). Diese beiden hatten u.a. die Aufgabe, dafür zu sorgen, dass unser täglicher Bedarf an Wasser aus dem Hausbrunnen gedeckt war. Bei der Größe des Haushaltes kann man sich vorstellen, wie hoch der Wasserbedarf war.
Das Brunnenwasser wurde mit einem Zinkeimer hochgekurbelt, der an einem dicken Seil befestigt war, dies war keine leichte Arbeit. Wir Jungen betrachteten dies als eine Art Wettsport, um unsere Muskeln zu trainieren, zur Freude unserer Bediensteten, die dadurch etwas entlastet wurden. Diese Arbeit sollte für uns in den Jahren nach der Entmachtung der Niederländisch-Ost-Indischen-Kolonialregierung durch die Japaner 1942 zur täglichen Pflicht werden.
Unser Badezimmer war anders als ein europäischer Waschraum: Es gab keine Badewanne, sondern ein 90 x 100 x 200 cm großes Wasserbecken, aus dem man beim Baden Wasser mit einer Art Bottich herausschöpfte und über seinen Körper goss. Gebadet wurde zweimal pro Tag, morgens vor 7 Uhr und nachmittags bis 17 Uhr. Kleine Kinder wurden grundsätzlich von einem Bediensteten oder einem älteren Geschwisterkind im Badezimmer begleitet.

Das Wasserbecken in der Küche war kleiner als das im Badezimmer, und wurde zum Kochen und Geschirrabwasch benutzt. Aus hygienischen Gründen musste das Brunnenwasser erst gekocht werden, bevor es als Trinkwasser benutzt werden konnte.
Das kleinste Becken war das im WC-Raum. Abgesehen von den damals noch wenigen Häusern mit Anschluss an Leitungswasserversorgung und Kanalisation hatten die meisten Häuser eines gemeinsam: Sie hatten alle Einrichtungen, die man hier in Deutschland als „Plumpsklo" bezeichnet; man setzte sich nicht auf das Klo, sondern hockte darauf. Nur die Ausführungen waren verschieden: *Priyayis* hatten nicht nur zementierte, sondern auch geflieste Toiletten, die meistens nicht ebenerdig waren.
Andere Bevölkerungsschichten hatten einfachere Einrichtungen, doch einen Wasserbehälter neben dem Klo hatten sie alle, denn Klopapier kannte man nicht. Wir waren alle so erzogen, dass man nach der Verrichtung des großen Geschäftes mit der rechten Hand den Anus mit Wasser aus dem Waschbecken von vorne mehrmals begoss und ihn gleichzeitig mit der linken Hand von hinten säuberte, sogar mit Seife. Aus europäischer Sicht mag diese Toilettenkultur fremd und kompliziert erscheinen, aber objektiv betrachtet garantiert die Methode eine bessere Säuberung des Hinterteils als wenn man es nur mit Zeitungs- oder Toilettenpapier abwischt. Auch heutzutage hängen in modernen indonesischen Häusern mit Leitungswasseranschlüssen und keramischen Toilettenbecken nicht nur Klopapierrollen an der Wand, ein Waschbecken oder Schlauch mit kleinem Duschkopf (sog. Bidetdusche) ist immer in greifbarer Nähe.
Ein Javaner bzw. Indonesier fühlt sich unsauber, wenn er sich nach der großen Verrichtung nicht mit Wasser gesäubert hat. Unsere Erziehung enthielt folgende Regel: Mit der rechten Hand füttert man sich, mit der linken Hand reinigt man den

After. Nur die rechte Hand galt als sauber, deshalb wurde es als äußerst unhöflich angesehen, anderen die linke Hand zu geben. Auch Kinder fühlten sich nicht geschmeichelt, wenn man sie mit der linken Hand streichelte. Diese Einstellung hat sich inzwischen auch auf Java verändert (zum Glück für Linkshänder).

BILDUNG & POLITISCH-GESCHICHTLICHER VERLAUF

Da ich Ende Dezember 1932 zur Welt gekommen bin, wurde ich erst mit 7 Jahren eingeschult, und zwar in eine HIS (*Hollands-Inlandse School,* oder zu Deutsch: Niederländisch-Einheimische Schule), eine Grundschule für die Kinder der *Priyayi*-Schicht in Kediri, Ost-Java. Dort lernte ich Lesen, Schreiben, Rechnen, Javanisch und etwas Holländisch.

Die damalige Kolonialmacht Niederlande führte bis zu ihrem Zusammenbruch 1942 im weiterführenden Schulsystem eine gewisse Apartheidspolitik durch. Es gab im damaligen Niederländisch-Ost-Indien drei Schularten:

1. Für das einfache Volk (Bauern, Handwerker, Kleingewerbetreibende, Kleinhändler usw.) gab es die **Volksschulen**, mit nur zwei Jahren Unterrichtsstoff, darum hieß die Schule im Volksmund "Sekolah Angka Loro" (Schule mit Ziffer Zwei). Dort wurde den Schülern das lateinische Alphabet sowie das Rechnen beigebracht, auf Java außerdem die javanische Sprache samt der javanischen Schrift. Eine Schulpflicht gab es nicht und Schulgeld musste man selbst aufbringen. Gott sei Dank gab es außerdem private gemeinnützige Volksschulen mit vier bis sechs Stufen, die meist von islamischen Kreisen gegründet wurden.
2. Für die gehobene Volksschicht gab es die **HIS** Grundschulen bis zur einschließlich 7. Klasse, die darauf folgende dreijährige **MULO** (*Meer uitgebreid lager onderwijs,* sinngemäß "Schule zur Fortsetzung der Grundschulausbildung",

vergleichbar mit der deutschen Realschule) und die **AMS** (*Algemeene Middelbare School*), eine dreijährige Oberschule. In diesen Schulen wurden die einheimische Sprache (z.B. Javanisch), die Handelssprache (Malaysisch bzw. Indonesisch) und Niederländisch unterrichtet. Das einheimische Beamtentum rekrutierte sich aus den Absolventen dieser Schulen. Einige Absolventen der AMS konnten an den wenigen Hochschulen im Lande weiter studieren.

3. Im Gegensatz zu den vorgenannten Schulen wurde in den wenigen Schuleinrichtungen für Europäer (Niederländer) und ihnen gleichgestellte Personen (hauptsächlich Chinesen, aber auch bestimmte Schichten der Einheimischen) nur Niederländisch unterrichtet. Diese Schulen trugen den abgekürzten Namen **HBS** (*Hogere Burger School* - Höhere Bürgerliche Schule).

Dieses Schulsystem war der Hauptverursacher des hohen Analphabetismus in Indonesien zu Beginn seiner Unabhängigkeit 1945. Nur 4 % der indonesischen Bevölkerung konnten nach drei Jahrhunderten niederländischer Kolonialherrschaft lesen oder schreiben. Ich hatte Glück, dass mein Elternhaus zu dieser privilegierten Gruppe gehörte.
Meine Eltern und meine älteren Geschwister sprachen zu Hause oft Niederländisch miteinander, und auch ich lernte die Sprache im Laufe meiner Kindheit. Wenn meine Eltern niederländischen Besuch bekamen, lauschte ich als Kind gern der in meinen Ohren komisch klingenden Unterhaltung, ohne dass ich ein Wort davon verstand. Diesen "Lauschangriff" machte ich nur ganz verstohlen, denn zu Hause durften Kinder sich nicht blicken lassen, wenn Erwachsene sich unterhielten, erst recht nicht, wenn die Eltern Gäste hatten.

Als ich 1939/1940 schon lesen konnte, lernte ich über die niederländische Zeitung, die mein Vater abonniert hatte, erstmalig Fremdwörter in lateinischer Druckschrift zu lesen und zu schreiben.
Bis 1942 waren meine Eltern wohlhabend. Sie hatten gemeinsam elf Kinder, drei Mädchen und acht Jungen. Wir hatten ständig Haushaltshilfen, sowohl männlich als auch weiblich, zeitweilig sechs an der Zahl. Mein Vater war ein Finanz- bzw. Steuerbeamter und besaß bis dahin nicht nur zwei Häuser und mehrere Reisfelder, sondern auch eine Limousine. Selbst am Steuer sitzend habe ich meinen Vater nie gesehen, er hatte immer einen Chauffeur. Zu und von der Schule wurden wir von einer Pferdekutsche gefahren, die für uns bestellt wurde; meine älteren Geschwister fuhren allerdings mit dem Fahrrad. Ab und zu durften wir Kinder mit dem Auto mitfahren, um dem Vater das Mittagessen ins Büro zu bringen oder ihn von dort abzuholen, was für uns natürlich eines der schönsten Vergnügen war.

3. Kediri, Ost-Java 1938. Unser Hausangestellter, ich, und unser barfüßiger Chauffeur vor dem Auto meines Vaters.

1942 wurden die europäischen Kolonialmächte (Großbritannien, Frankreich und die Niederlande) besiegt und vertrieben. Nach 350 Jahren Kolonisierung des Inselreiches *Nederlands-Indië* wurden die dort herrschenden holländischen Militärs überwältigt und von Japan gefangen genommen. Ich war damals knapp 10 Jahre alt und in der 2. Klasse der HIS.
Die japanische Besatzungszeit war für uns alle sehr hart. Mein Vater wurde verhaftet, weil er viele holländische und englische Bücher besaß. Unser Auto wurde, genauso wie viele Wertgegenstände meiner Eltern, entschädigungslos beschlagnahmt. Alle Metallgegenstände wurden ebenso eingezogen, einschließlich unserer Seifendosen aus Aluminium. Jeder Haushalt durfte nur zwei Küchenmesser behalten. Die Begründung: Alles würde für den Krieg gebraucht. Solche Demütigung, wie

wir sie unter der dreieinhalbjährigen Besatzungsherrschaft der Japaner erlebten, hatten wir vorher nie und nachher kaum gekannt. Unser Elternhaus wurde in eine Armut gestürzt, von der wir uns nicht mehr richtig erholen würden.
In den Schulen wurde kaum unterrichtet. Stattdessen mussten wir ständig zu japanischen Liedern Musik-, Sport-, und Gymnastik-Übungen machen, wie die Kadetten in ihren Kasernen. Ich hatte zu dem Zeitpunkt gerade ein paar Brocken Niederländisch gelernt, doch die japanische Besatzung verbot bei strengster Strafandrohung das Lernen und Sprechen ausländischer Sprachen. An jedem Straßenrand wurden Ölbohnen gesät und gepflanzt, angeblich für die Treibstoffproduktion zur Verwendung in Japans Kampfflugzeugen.
Anfang August 1945 fielen die US-Atombomben auf Nagasaki und Hiroshima, und Japan kapitulierte bedingungslos. Am 17. August 1945 wurde Niederländisch-Ost-Indien vom neu ernannten Präsidenten Sukarno zur unabhängigen Republik Indonesien erklärt. Jedoch gab es noch mehr als zehn Jahre lang Auseinandersetzungen mit den Niederlanden, die kontinuierlich versuchten, das Land zurückzuerobern.
In den Wirren der Befreiungszeit im Krieg gegen die Niederländer nach dem Ende des Zweiten Weltkrieges geriet meine Familie zweimal zwischen die Fronten: Wir wurden Ende 1948 von den Niederländern ausgebombt - u.a. barg ich damals mehrere Leichen aus einem zerstörten Nachbarhaus - und von den eigenen Landsleuten ausgeraubt. 1949 zog meine Familie nach Surabaya und ich ging allein nach Malang, um meine Schulausbildung fortsetzen.
Ich war zu dem Zeitpunkt in der ersten Stufe der Oberschule (10. Klasse) und lernte nun erstmalig Englisch. Damals waren die Lehrer und Lehrerinnen fast nie ausgebildete Sprachlehr-

kräfte, sondern meistens Studenten, ehemalige Oberschüler oder bestenfalls Autodidakten, die nur wenig mehr Sprachkenntnisse besaßen als die Schüler selbst.
Bis zum Abschluss der Oberschule hatten wir sechs Jahre lang wöchentlich zwei bis vier Unterrichtsstunden Englisch. Meine schriftlichen Englischkenntnisse verdanke ich dem United States Information Service (USIS), einer Art Goethe Institut der Amerikaner. Auf meine schriftlichen Bitten hin bekam ich öfter amerikanische Bücher zugeschickt, zumeist wissenschaftliche, die ich eifrig las. Ich versuchte durch regelmäßiges Zuhören des Senders "The Voice of America", meine Kenntnisse zu verbessern, besonders die Berichterstattung über die Luftkämpfe im Korea-Krieg 1952 faszinierte mich sehr. Außer über das Radio reicherte ich meine Englischkenntnisse ab und zu auch im Kino an, wo die Filme alle in Originalfassung mit indonesischen Untertiteln liefen.
Die deutsche Sprache lernte ich erst in den letzten zwei Jahren der Oberschule kennen, jeweils zwei Stunden die Woche. Im ersten Jahr unterrichtete uns ein indonesischer Lehrer, der uns nicht nur die Grundlagen beibrachte, sondern auch die Sütterlin-Schrift lehrte. Daran fand ich Gefallen, denn mit dieser Schrift konnte ich auch später geheime Korrespondenz mit meinen Freunden aus der Abiturklasse führen, weil nur die wenigsten diese Schrift kannten.
Die javanische sowie die indonesische Sprache (und ebenso das damit verwandte Malaysisch) haben eine weitaus weniger komplizierte Struktur und Grammatik als Deutsch oder vergleichbare europäische Sprachen. Die Sätze meiner Muttersprache bestehen im Grunde genommen, grob gesagt, jeweils aus aneinandergereihten Wörtern. Man kennt weder Deklination, noch Konjugation, Artikel, Plural oder Vergangenheits-

formen. (Für Sprachinteressierte möchte ich im Übrigen darauf hinweisen, dass sich Indonesisch von Malaysisch wie Deutsch von Österreichisch, also nur gering unterscheidet.)
Ich war zwar hauptsächlich mit Javanisch und Indonesisch aufgewachsen, doch da Javanisch wiederum aus drei Sprachen, nämlich Ngoko, Kromo und Kromo-Inggil besteht, war dieses Alphabet für mich schwieriger zu lernen als die lateinische Schrift, die mir durch das Niederländische schon etwas vertraut war. Was die Sprachstrukturen anging, kam mir die deutsche Sprache jedoch sehr kompliziert vor und ich dachte öfter, die Deutschen müssten hochintelligent sein; bereits am Anfang eines Satzes musste man schon daran denken, wie die darauf folgenden Wörter in der Mitte oder am Ende des Satzes verändert werden sollten, mit "m", "n" oder "r", je nachdem, ob das Verb vorher transitiv oder intransitiv ist, bzw. ob danach Dativ oder Akkusativ folgt, usw.
Im letzten Unterrichtsjahr hatten wir zusätzlich zum einheimischen Lehrer noch eine Frau Margarete Becker, eine Deutschlehrerin mittleren Alters, die mit uns mehr Konversation und Grammatik durchnahm. Ihre energische und strenge, aber gleichzeitig verbindliche Erscheinung beeindruckte mich. Sie war die erste Europäerin und Deutsche, mit der ich direkt zu tun hatte, und sie prägte meinen Eindruck von Deutschland positiv. Bis ich selbst dorthin zog, kannte ich Deutschland nur als ferne Militärmacht, die während des Zweiten Weltkrieges die Kolonialmacht Niederlande innerhalb einer Woche besiegte, über deren Ideologie und Kriegsverbrechen wusste ich damals noch nichts.
1949 wurde Indonesien auch international als unabhängige Republik anerkannt, Konflikte mit den Niederlanden währten allerdings bis einschließlich 1957 fort.

Im Jahre 1950 verstarb mein Vater zweiundfünfzigjährig. Zu Hause war ich mit achtzehn Jahren nun das älteste Kind, meine älteren Geschwister waren bereits außer Haus. Das Altersversorgungssystem in Indonesien war und ist nicht vergleichbar mit dem hiesigen europäischen; wirtschaftlich litt meine Mutter sehr, zeitweise konnten wir uns keine Hausangestellten mehr leisten. Wir Kinder halfen so gut wir konnten.

GÖTTLICHE FÜGUNG

Nach dem Tod meines Vaters fasste ich den Entschluss, mich nach dem Abitur auf jeden Fall von meiner Mutter finanziell unabhängig zu machen, und betete täglich zu Gott, dass er mir den Weg dahin zeigen möge. Entsprechend meiner Erziehung und religiösen Überzeugung legte ich mir materielle Enthaltsamkeit auf und fastete zweimal wöchentlich (montags und donnerstags) bis zu meinem Abitur, um meiner Bitte an Gott Nachdruck zu verleihen. Diese wurde scheinbar erhört - wie es dazu kam, habe ich einem der größten Zufälle meines Lebens zu verdanken, der meine gesamte Lebenslaufbahn bestimmen sollte ...

4. Malang, 21. August 1953. Abitur.

Ich wollte in Bandung, der Provinzhauptstadt Westjavas, an der damals einzigen Technischen Hochschule Indonesiens, Elektrotechnik studieren. Mein älterer Bruder Herman war dort schon Dozent an der Fakultät für Architektur, und auch der erste Präsident der Republik Indonesiens, Sukarno, hatte dort seine Diplomausbildung abgeschlossen. Ich wollte jedoch nur studieren, wenn ich ein Stipendium bekommen könnte, da ich meiner Familie nicht finanziell zur Last fallen wollte.
Ich fand ein "Studentenzimmer" in der Garage der Familie Habibie[1] und machte einen Termin beim niederländischen Ministerium für Erziehung, Kunst und Wissenschaft OKW (*Ministerie van Onderwijs, Kunsten en Wetenschapppen*) in Jakarta, das für die Ausgabe von Stipendien zuständig war.
Ich war noch nie in Jakarta gewesen und kannte die indonesische Hauptstadt bis dahin nur aus den Medien; kein Wunder, dass ich mich verlief. Im Ministerium angekommen, sprach ich einen Herrn Dr. Tooy in seinem Arbeitszimmer an und fragte nach einem Inlandsstipendium. Er meinte, ich hätte mich verirrt, denn er sei für die Vergabe von Auslandsstipendien zuständig. Er ließ sich trotzdem mein Abiturzeugnis zeigen, das sehr gut war, und fragte nach meinen Familienverhältnissen. Als er erfuhr, dass meine Mutter verwitwet sei und noch sechs jüngere Geschwister von mir zu versorgen hätte, sagte er spontan: "Wenn Sie wollen, können Sie in Delft studieren, mit einem Stipendium vom Kartini-Fonds[2]." Da war ich sprachlos, zumal er noch sinngemäß hinzufügte: "Lieber gebe ich das

[1] Dort lernte ich Bacharuddin Jusuf Habibie (Rudi) kennen, mit dem ich später auch zusammen studierte. Er sollte viele Jahre später der dritte Staatspräsident Indonesiens werden.

[2] einer niederländischen Stiftung, unterstützt vom OKW.

Stipendium Ihnen als an Kinder von Generälen und hohen Beamten, die nichts taugen ...".
Das war Ende Oktober 1953. Da das Semester an der Technischen Hochschule in Delft bereits im September begonnen hatte, musste ich nun Hals über Kopf mit der Eisenbahn nach Malang fahren, um mich schnell von meiner Mutter und meinen verdutzten Geschwistern zu verabschieden und dann wieder zurück nach Jakarta zu reisen, um anschließend nach Europa zu fliegen.

So betrat ich am 11. November 1953 erstmalig in meinem Leben ein Flugzeug und reiste mit einer Lockheed Super Constellation der niederländischen Fluggesellschaft KLM von Jakarta über Singapur, Bangkok, Rangoon, Bombay, Beirut und Zürich nach Amsterdam. Hätte ich mich damals bei meinem Vorstellungsgespräch nicht im Zimmer geirrt, wäre mein Leben sicher ganz anders verlaufen.

5. Malang, 5. Oktober 1953. Letzte Fotoaufnahme mit meiner Mutter und meinen jüngeren Geschwistern, bevor ich für längere Zeit nach Holland reiste.

MEIN LEBEN IN EUROPA – DIE LÄNGSTE PERIODE MEINES LEBENS

MEIN LEBEN IN DEN NIEDERLANDEN

6. Volendam, Holland, September 1956.

MEINE STUDENTENZEIT IN DELFT

Am 12. November 1953 landete ich auf Schiphol, dem internationalen Flughafen von Amsterdam. Das Wetter war neblig und kalt, was ich bisher nie gekannt hatte, denn in Indonesien herrscht ausschließlich warmes Wetter mit abwechselnden Regen- oder Trockenzeiten. Zum Glück hatte ich zumindest einen Wintermantel dabei.

Die ersten Tage verbrachte ich in Den Haag, um die nötigen Formalitäten bei der indonesischen Botschaft und den niederländischen Behörden zu regeln, und fuhr anschließend nach Delft, um ein Studentenzimmer zu suchen und mich an der Technischen Hochschule immatrikulieren zu lassen.

Ich fand ein Zimmer zur Untermiete im Reihenhaus einer netten Lehrerfamilie namens Brokx. Dort wurde mir erstmalig beigebracht, wie man ein Heizgerät benutzt. Damals hatte ich keine Zentralheizung, sondern es gab einen kleinen tragbaren Ölheizofen, den man beliebig im Zimmer positionieren konnte. Das Zimmerfenster durfte dabei nicht geschlossen werden, sondern musste gekippt sein, damit das Zimmer gut belüftet war.

Zu dieser Zeit war man in Indonesien erst mit 21 Jahren volljährig. Am 24. Dezember 1953 war es für mich soweit, und ich machte aus diesem Anlass ein Bild an meinem Zimmerfenster in Delft. Ich hatte großes Heimweh.

7. Delft, Holland, 24. Dezember 1953. Mein erster Geburtstag in Europa.

Um das Stipendium vom Kartini-Fonds annehmen zu dürfen, hatte ich zwischen Schiffsbau und Flugzeugbau zu wählen, weil dies die einzigen zwei Studiengänge waren, die es in Indonesien nicht gab. Ich hatte mich für den Flugzeugbau entschieden.

Das Semester hatte in Delft bereits im September angefangen. Statt gleich die Vorlesungen besuchen zu dürfen, musste ich zuerst einen "psychotechnischen" Test durchführen: In einem kleinen Zimmer bekam ich einen Kompressor, eine Art Getriebe und einige Handwerkzeuge und wurde aufgefordert, die zwei Maschinenteile auseinanderzunehmen. In Indonesien hatte ich solche Maschinenteile noch nie von Nahem gesehen! Nachdem der Dozent das Ergebnis meiner Arbeit begutachtet hatte, gab er mir die Anweisung, alles wieder zusammenzubauen. Da kam ich sehr ins Schwitzen, biss aber dennoch die Zähne zusammen und gab mein Bestes. Nachdem ich die Aufgabe erledigt hatte und meine Arbeit begutachtet worden war, durfte ich anfangen, die regulären Vorlesungen und Übungen zu besuchen. Den ersten Test vor der Immatrikulierung hatte ich bestanden, da war ich natürlich sehr erfreut und erleichtert.

8. Rijswijk, Holland,1955 mit meinem Kommilitonen Rudi Habibie.

Ich engagiere mich gern sozial; als Kind hatte ich mich schon früh als Pfadfinder eingesetzt. In Den Haag, wo die Diplomaten wohnten, gründete und leitete ich eine indonesische Kinder- und Jugendgruppe und komponierte ein Vereinslied für sie, zur Freude aller Beteiligten. Als junger Student war ich natürlich auch nicht abgeneigt, bei Schönheiten des anderen Geschlechts anzugeben.
Mein soziales Engagement führte auch dazu, dass ich 1956 zum Vorsitzenden der 200 Mitglieder zählenden indonesischen Studentenvereinigung gewählt wurde. Ein Jahr darauf organisierte ich einen Ausflug nach Essen, Deutschland, wo wir indonesische Kulturdarbietungen in der Villa Hügel vorführten. Als Vorsitzender des Indonesischen Studentenvereins hatte ich anschließend die Ehre, der Gastgeberin Frau Berta Krupp von Bohlen und Halbach eine hölzerne Garuda-Statue[3] zu überreichen.

---

[3] Garuda ist ein Adler, der als Wappentier des indonesischen Staates gilt.

9. 3. März 1957, Essen. Nach einer kulturellen Darbietung der indonesischen Studenten aus Delft überreichte ich Frau Bertha Krupp von Bohlen und Halbach eine Garuda-Statue.

MRA UND DIE USA

Im Herbst 1957 bekam ich eine Praktikantenstelle in der Schweiz, und zwar bei der Schweizerischen Fluggesellschaft Swissair in Kloten, wo ich im Konstruktionsbüro arbeiten sollte. Eine Woche vor Beginn des Praktikums wurde ich in meinem Studentenzimmer in Delft überraschend von drei freundlichen, mir unbekannten Herren besucht. Sie wussten, wie ich hieß, dass ich Vorsitzender der indonesischen Studentenvereinigung in Delft war und, dass ich demnächst mein Praktikum bei Swissair antreten würde. Die Herren waren Tom Philips, Rajmohan Gandhi und ein Ceylonese, dessen Namen ich leider nicht mehr im Kopf habe. Später stellte sich heraus, dass Tom Philips der Erbe vom Besitzer und Eigentümer des Philips-Konzern und Rajmohan Gandhi ein Neffe von Mahatma Gandhi war. Alle drei waren im Auftrag einer Bewegung namens "Moral Re-Armament (MRA)" unterwegs; in Deutschland hieß die Gruppe "Moralische Aufrüstung." Die MRA wurde 1938 von Frank Buchman in Oxford, England, gegründet. Nach dem Zweiten Weltkrieg entwickelte MRA das Programm "moralischer und geistiger Wiederaufbau der Welt".
Der europäische Sitz der MRA-Bewegung befand sich in Caux, oberhalb von Sankt Moritz am Genfer See, wo an den Wochenenden Weekend-Seminare stattfanden - ich wurde herzlich dorthin eingeladen, um Schweizer MRA-Mitglieder kennenzulernen. Geschmeichelt und neugierig sagte ich zu.
An meinem ersten Wochenende in der Schweiz wurde ich von Tom Philips und Rajmohan Gandhi mit dem Auto abgeholt. Auf dem Weg zum Sitz der MRA, der sich auf einem Riesen-

grundstück mit luxuriösen Villen befand, bewunderte ich die Schönheit der Schweizer Landschaft.
In den Seminaren wurden hauptsächlich gesellschaftspolitische, philosophische und ideologische Themen behandelt. Ich wurde den anderen Gästen als Vorsitzender eines großen Studentenvereins aus den Niederlanden vorgestellt, was mir schmeichelte und mich sehr stolz machte.
Am Ende des zweiten Wochenendseminars bekam ich ein überraschendes Angebot von Seiten des Gastgebers:
Ich möchte doch zusammen mit anderen ausgesuchten Gästen in der folgenden Woche ein Seminar im Hauptquartier des MRA in den USA besuchen. Ich erwiderte, dass ich noch mein Praktikum bei Swissair zu absolvieren hätte, das eigentlich nur für 4 Wochen vorgesehen war. Da bekam ich die Antwort: "Machen Sie sich keine Gedanken, wir werden die Angelegenheit mit Swissair regeln." Ich war sehr erstaunt darüber, wie gut vernetzt die Moral Re-Armament-Bewegung war. Dies weckte meine Neugier darüber, wie diese Organisation funktionierte bzw. wie es zu diesem hohen Einfluss kam, also sagte ich zu.
Eine Woche später saß ich im DC6-Flugzeug der Pan American World Airways in Richtung New York. Die Strecke führte von Zürich-Kloten über Amsterdam-Schiphol, Shannon (Irland), über den Atlantik nach Gander, Neufundland und weiter zum La Guardia Airport in New York.
Die letzte Strecke war sehr aufregend, denn nacheinander fielen zwei der vier Propellermotoren aus - unter uns war nur das Meer. Aus einem der ausgefallenen Motoren floss schwarzes Öl, das die Oberfläche des rechten Flügels beschmutzte. Das Flugzeug musste nach jedem Triebwerksausfall nicht nur die Fluggeschwindigkeit, sondern auch die Flughöhe reduzie-

ren. Auf der letzten Flugstrecke flog das Flugzeug so niedrig, dass wir die Schiffe unter uns in voller Größe beobachten konnten. Die meisten Fluggäste blieben sitzen und sehr viele der internationalen Passagiere beteten laut. Ich schaute ständig aus dem Fenster; merkwürdigerweise hatte ich keine Angst und beobachtete interessiert das Wasser und den Schiffsverkehr unter uns.

Wir landeten am späten Nachmittag heil auf dem La Guardia-Airport und wurden von mehreren Feuerwehr- und Rettungswagen verschiedener Größen empfangen. Das war ein einmaliges Erlebnis!

Am nächsten Tag flog ich mit einem Convair340-Flugzeug vom La Guardia Airport nach Buffalo am Erie See, Michigan. Zwei MRA-Leute holten mich am Flughafen ab und wir fuhren zu dritt mit einem Motorboot nach Mackinac Island, einer Insel mitten im Erie See. Die Insel hatte zwei Besonderheiten: sie war klein, und es gab keinerlei motorisierte Fahrzeuge. Nur Pferdekutschen und Fahrräder waren dort zugelassen. Die gesamte Insel gehörte dem MRA.

Das MRA war ein konservativer antikommunistischer Verein mit vier sogenannten "Ideologiesäulen", nämlich absolute Ehrlichkeit, absolute Reinheit, absolute Selbstlosigkeit, und absolute Liebe. Meine Fulltimer-Zimmernachbarn versuchten ständig mit mir darüber zu diskutieren um mich sozusagen zu "bekehren"; möglicherweise wollten sie mich ebenfalls zum Fulltimer machen. Ich teilte die politische Haltung des MRA zwar nicht, war aber von den Verhaltensweisen der Mitglieder fasziniert.

Nach einer Woche wurde mir gesagt, dass ich noch eine Verlängerungswoche bekäme - mit meinem Praktikum sei schon alles geregelt, ich könne es später fortsetzen. Wieder einmal war ich sehr erstaunt, wie stark die Vernetzung des MRA war. Am Ende jeden Seminars wurden die Gäste auf einer Tribüne in einem großen Saal verabschiedet, nicht ohne dass ein Loblied für das MRA-Team gesungen wurde. Das fiel mir sehr auf. Unten waren die Gäste, die noch blieben, und auf dem Podium standen die verabschiedeten Gäste am Mikrofon, die mit Blick auf den Saal von ihren positiven Erkenntnissen und ihrer Seminarerfahrung erzählten. Hinter ihnen saßen vier bis sechs Fulltimer (Funktionäre), riefen "hear, hear, hear" und klatschten dabei, um die Neuankömmlinge und andere Gäste im Saal zu animieren, mitzuklatschen. So ging es fast jeden Tag. Die Seminarteilnehmer wurden von den Funktionären durch Vorträge und Diskussionen jeden Tag praktisch indoktriniert, die vorgenannten vier Ideologiesäulen in ihrem Leben umzusetzen. Ich nahm zwar an allem teil und debattierte rege mit, aber ich fand es noch interessanter, einfach das Verhalten der Gäste und der Gastgeber zu beobachten. In der Zeit lernte ich einen englischen Schriftsteller namens Peter Howard kennen. Der war ein Fulltimer und sehr nett - bis zu meiner Verabschiedung.

Weil ich alleine auf Mackinac Island war, stand ich am Ende meines Aufenthalts auch alleine auf dem Podium am Mikrofon. Ich drückte meine Dankbarkeit für alles aus, was ich hier erfahren hatte, sowohl materiell als auch ideell. Gemäß den vier Ideologiesäulen wollte ich ehrlich sagen, dass ich es nicht für richtig hielt, dass die prominenten Namen wie Tom Philips und Rajmohan Gandhi immer wieder benutzt wurden, um die Seminarteilnehmer zu beeindrucken. Da brach die Hölle los: Statt Klatschen und "hear, hear, hear" erklangen hinter mir nur Rufe von "shut up, shut up, shut up", und Peter Howard zog

mich von der Bühne weg, gab mir meinen Koffer und brachte mich zur Bootsanlegestelle. Allerdings bekam ich ein wenig Beifall seitens der Gäste, die noch da blieben.
Das war mein erster Besuch in den USA, wobei ich die USA gar nicht wirklich kennenlernte, sondern nur eine kleine Insel im Erie-See. Obwohl ich danach nie wieder etwas mit dem MRA oder seinen Mitgliedern zu tun hatte, bin ich bis heute noch mit der Schweizer Familie von Max und Gerda Sigg aus Winterthur befreundet, die ich bei meinem ersten MRA-Seminar in der Schweiz kennengelernt hatte.

TOT ZIENS, HOLLAND!

Im Jahr 1948, als die 1945 proklamierte freie Indonesische Republik von den niederländischen Militärs zum größten Teil besetzt und aufgeteilt wurde, fand ein von Moskau inszenierter kommunistischer Aufstand statt. Obwohl Indonesien, mit der damaligen Hauptstadt Jogyakarta, unter Sukarno von den Niederländern militärisch unter Druck gesetzt wurde, konnte der Aufstand niedergeschlagen werden. Dies führte dazu, dass die USA ihrerseits die Niederlande, unter Androhung des Entzugs des Marshall-Plans, dazu bewogen, sich aus Indonesien zurückzuziehen und dieses diplomatisch anzuerkennen.
1949 wurde Indonesien Mitglied der Vereinten Nationen und als legale Regierung über das Territorium des ehemaligen Niederländisch-Ost-Indien anerkannt. Die Niederlande wollten Indonesien allerdings nicht voll anerkennen und "behielten" West-Neuguinea als niederländische Kolonie. Indonesien bestand darauf, dass dieser Teil der Insel, der bis zur Kapitulation der Niederlande gegenüber den Japanern im Jahre 1942 zu Niederländisch-Ostindien gehört hatte, nunmehr zu Indonesien gehören sollte.
Aufgrund dieses Konflikts verschlechterten sich die diplomatischen Beziehungen zwischen Indonesien und den Niederlanden im Jahre 1957 und führten im selben Jahr zum Krieg zwischen den beiden Nationen. West-Neuguinea wurde von Indonesien militärisch zurückerobert, weshalb alle indonesischen Regierungsstipendiaten 1957 Holland verlassen mussten und in die europäischen Nachbarländer der Niederlande umverteilt wurden.

Obwohl ich kein Stipendium von der indonesischen Regierung, sondern eines von Holland hatte, verließ auch ich die Niederlande, weil ich mich nicht wohl dabei fühlte, ohne die vertrauten Landsleute unter den Kommilitonen mein Studium fortzusetzen. Es wurde mir erlaubt, mein Stipendium um ein Jahr zu verlängern und außerhalb von Holland zu absolvieren. So entschied ich mich 1958, nach West-Berlin umzuziehen und an der Technischen Universität (TU) weiterzustudieren. Warum West-Berlin? Weil eine geteilte Stadt mitten im sowjetischen Machtbereich politisch für mich interessant war.
Ich fuhr die Strecke Delft - Berlin in zwei Etappen. Mit meinem Motorroller der Marke Lambretta 125 ccm erreichte ich am 1. April 1958 mein Ziel. Hier ließ ich mich an der Technischen Universität Berlin immatrikulieren.

10. 24. März 1958. Auf Wiedersehen Niederlande! Motorisiert fuhr ich von Delft nach West-Berlin, auf meiner Lambretta 125cc.

MEINE ZEIT IN DEUTSCHLAND

BUNDESREPUBLIK DEUTSCHLAND

Einbürgerungsurkunde

Herr Raden S o e t a r j o n o , Berlin ,
(Namen, Stand und Wohnort)

geboren am 24. Dezember 1932 in Malang, Ost-Java/Indonesien ,

hat mit dem Zeitpunkt der Aushändigung dieser Urkunde die deutsche Staatsangehörigkeit erworben. Die Einbürgerung erstreckt sich nicht auf Familienangehörige.

Berlin , den 7. April 19 71

DER SENATOR FÜR INNERES

Im Auftrage

(Bärwinkel)

Dienstsiegel

Ausgehändigt am 23. April 19 71

DER SENATOR FÜR INNERES

Im Auftrage

Amtsrat

DER SENATOR FÜR INNERES BERLIN

Gebühr: 340,-- DM

Gebührenkontrolle Nr.

Tgb.-Nr. 1 E b/4 - 95 - 80103

Bundesdruckerei

11. 7. April 1971. Ich habe mich einbürgern lassen.

HURRA! ICH BIN IN DER HAUPTSTADT DEUTSCHLANDS!

Als Kind wusste ich von Berlin nur, dass es die Hauptstadt Deutschlands war, wo Hitler 1933 - als ich noch nicht einmal ein Jahr alt war und auf dem Fußboden meines Elternhauses im weit entfernten Java auf allen Vieren krabbelte - an die Macht kam. Als ich sechs Jahre später anfing, lateinische Buchstaben kennenzulernen und Spaß daran hatte, Wörter zu lesen, blätterte ich oft in den niederländischen Zeitungen, die mein Vater abonniert hatte. Ich verstand zwar nicht viel von dem, was ich las, aber eingeprägt hatten sich bei mir besonders die Fotos darin. Insbesondere sind mir die Bilder der Militärparaden in Berlin in Erinnerung geblieben, auf denen die gut ausgerüsteten Soldaten sehr stolz und diszipliniert an Hitler vorbei defilierten, gefolgt von motorisierten Verbänden.

Als Kind kannte ich deshalb Berlin nur als eine Groß- und Landeshauptstadt in Verbindung mit der deutschen Wehrmacht und mit Krieg, u.a. gegen die damalige Kolonialmacht in Niederländisch-Ost-Indien (dem heutigen Indonesien), nämlich die Niederlande. Als die Nachricht kam, dass die Niederlande innerhalb einer Woche von Deutschland besiegt wurden, stieg meine Begeisterung für dieses Land. So war ich bei meiner Ankunft in West-Berlin Deutschland gegenüber noch vollkommen positiv voreingenommen. Erst im Laufe der Zeit veränderte sich meine Einstellung, je mehr ich über die vielen Kriegsverbrechen der NS-Zeit, vor allem über den Holocaust an jüdischen Menschen erfuhr. Die Narben des von Hitler angezettelten und verlorenen Weltkrieges waren bei

meiner Ankunft am 1. April 1958 in Berlin noch überall zu sehen.
Ich suchte als erstes nach einer Unterkunft. Es gelang mir nicht sofort. So bekam ich zunächst ein Zimmerchen in Charlottenburg, blieb dort trotz der billigen Miete jedoch nur eine Woche; ich schlief dort auf einer Matratze, die hoch oben auf einem Kachelofen direkt unter der Zimmerdecke lag und nur mit einer Leiter zugänglich war - das war mir doch zu unbequem. Nach weiterem Suchen fand ich ein Zimmer in Wilmersdorf an der Albestraße bei einer netten älteren Dame namens Frau Hirschfelder.
Als junger Student in einer großen Stadt wie West-Berlin will man natürlich nicht einsam sein.
So besuchte ich bald Studentenfeste sowohl an der Technischen Universität (TU), an der ich selbst studierte, als auch an der Freien Universität (FU). Dort lernte ich mehrere Studentinnen kennen. Am 24. Mai 1958 besuchte ich einen Physiker-Ball in Berlin-Dahlem. Da fiel mir eine hübsche, freundliche junge Studentin auf, die mit ihren zwei Freundinnen gerade nach Hause gehen wollte. Weil ihre Erscheinung mich so anzog, sprach ich sie mit der Frage „Tanzen Sie Tango?" an und zog sie auf die Tanzfläche. Da tanzten wir zusammen und sie sagte, „Dies ist ja Foxtrott und kein Tango!". Da gab ich ihr Recht, weil ich gar nicht Tango tanzen konnte! Natürlich haben wir gelacht.
An meinem 26. Geburtstag in Berlin war ich nicht so einsam wie an meinem 21. Geburtstag in den Niederlanden. Hier hatte ich Besuch von meiner Freundin, und am nächsten Tag posierten wir vor dem Weihnachtsbaum ihrer US-amerikanischen Wirtsfamilie.

12. Berlin, 25.12.1958. Mein Geburtstag mit meiner damaligen Freundin und jetzigen Frau Dorothee Mürre.

Diese junge FU-Studentin war Fräulein Dorothee Elisabeth Mürre aus Berlin-Tempelhof, die als Babysitterin bei einer amerikanischen Arztfamilie in der Nähe der FU in Berlin-Dahlem wohnte.
Eines Tages machte sie mich mit ihrer Mutter in einem Restaurant an der Budapester Straße bekannt - eine reizende Frau, wie die Tochter. Ihren Vater lernte ich später in ihrem Haus in Berlin-Mariendorf kennen.
Meine Tanzbekanntschaft entwickelte sich zu einer Liebesbeziehung, die 1960 zu unserer Ehe führte. Meine Frau Dorothee, die ich zärtlicherweise Dothy nenne, ist das einzige Kind meiner Schwiegereltern Kurt und Vera Mürre.
Mein Schwiegervater hatte in Halle Jura studiert und war, als ich seine Tochter kennenlernte, Bezirksbürgermeister von Berlin-Tempelhof. Er war nicht erfreut, dass seine Tochter einen ausländischen Studenten aus einem fernen asiatischen Land (also einen Migranten) heiraten wollte - was ich auch verstehen konnte.
Als wir 1960 heiraten wollten, weil unser Kind schon „an die Tür klopfte", entschied er, dass wir am Geburtstag seiner Tochter - also quasi als Geburtstagsgeschenk für sie - standesamtlich zu heiraten hätten. Und so geschah es auch.
Unsere erste Wohnung war eine kleine 2-Zimmer-Wohnung in Berlin-Tempelhof. Einige Monate vor der Einschulung unserer Tochter Indira zogen wir 1967 in eine Dreieinhalb-Zimmer-Wohnung im gleichen Bezirk am Theodor-Francke-Park um. Leider verstarb mein Schwiegervater Ende des gleichen Jahres an Krebs.

13. Meine Schwiegereltern, Kurt und Vera Mürre. Mein Schwiegervater starb 1967 und meine Schwiegermutter 2004.

MEIN ZWEITES LEBEN

Im Frühjahr 1968 stellte mein damaliger Hausarzt, Dr. Franz aus Berlin-Mariendorf, fest, dass ich möglicherweise einen Tumor im Darm hätte, und überwies mich ins AVK (Auguste-Viktoria-Krankenhaus). Dort wurde die Diagnose bestätigt, und am 24. Mai 1968 - dem 10. Jahrestag unseres Kennenlernens in Berlin - wurden 70 cm Dickdarm entfernt. In der zweiten Woche wurde mir gesagt, dass ich am Samstag nach Hause gehen dürfte; alles sei in Ordnung. Darüber freute ich mich. Doch am Freitag vor dem Entlassungstermin, in der Nacht zum 7. Juni 1968, bekam ich Bauchkrämpfe mit starken Schmerzen und Erbrechen, so dass ich in der Nacht zum Samstag notoperiert werden musste.
Dies war notwendig geworden, weil die erste Operation (eine Seit-zu-Seit-Anastomose) fehlerhaft gewesen war; die Nahtverbindung des verkürzten Dickdarmes wurde nicht einwandfrei durchgeführt. Meine Bauchhöhle wurde dadurch infiziert und war voll mit Dickdarminhalt, Blut und Eiter. Bei der Bluttransfusion war offenbar verseuchtes Blut dabei gewesen, sodass ich außerdem auch noch eine Hepatitis B-Infektion bekam. Ich lag in Koma.
All diese Details erfuhr ich erst viel später von meiner armen Frau, da ich nach der Operation noch wochenlang im Koma lag. Als meine Frau mich am Montag nach der Operation besuchen wollte, empfing sie der Oberarzt Herr Dr. Jungblut, der die Notoperation durchgeführt hatte. Er sagte zu meiner Frau wortwörtlich: „In den nächsten drei Tagen sollten Sie mit dem Schlimmsten rechnen. Wir sind mit unserem Latein am Ende, wir können nichts für Ihren Mann machen."

Meine Frau war sprachlos und niedergeschlagen. Als sie fragte, wo sie mich sehen könnte, antwortete Dr. Jungblut, sie möge sich an die Schwester wenden. Diese führte sie wortlos in ein Badezimmer, wo ich ohne Bewusstsein neben der Badewanne auf einer Bahre lag. Das war der Zustand im Auguste-Viktoria-Krankenhaus 1968!

Zum Glück konnte meine Frau Hilfe finden. Durch die Intervention meiner verwitweten Schwiegermutter konnte ich in ein normales Zimmer verlegt werden.

Im Juli wurde ich erstmalig gewogen: ich wog 34 kg. Bei einem Körpergewicht von 37 kg wurde ich mit offenem Bauch Mitte August entlassen, mit der Maßgabe, dass ich mich zu Hause besser ernähren sollte und mich nach Erreichen eines Körpergewichtes von 40 kg wieder für eine Nachoperation zurückmelden möchte. Das steht auch in meinem Entlassungsbericht des AVK vom 14. August 1968, den ich als meine Wiedergeburtsurkunde betrachte. Ich wollte nie mehr ins AVK gehen.

In Tempelhof, wo ich wohnte, ließ ich mich von einem älteren Chirurgen, Herrn Dr. Späth, behandeln. Er behandelte mich mit regelmäßigen Impletol-Spritzen, einem Medikament, das ich aus dem Schriftstück von Prof. Hübotter (FU) kannte, das mir ein Schweizer Freund geschickt hatte, als er von meiner schweren Krankheit hörte. Dr. Späth kannte das Medikament aus dem Krieg, wie er mir sagte. Durch Impletol wurde der Krater auf meinem Bauch nach und nach geschlossen, aber durch den Druck von innen immer wieder aufgebrochen. Dieses Auf und Zu meiner Bauchdecke wiederholte sich bis Anfang April 1969. Danach blieb der Krater Gott sei Dank bis heute geschlossen.

Interessant ist folgendes Phänomen: Ende Dezember 1968 bekam ich plötzlich gleichzeitig Haarausfälle am Kopf und am

Körper sowie Querbrüche an sämtlichen Finger- und Zehennägeln. Die Querbrüche wanderten langsam von der Wurzel heraus. Das fand ich so unheimlich, dass ich sie Herrn Dr. Späth zeigte und um eine Erklärung bat.
Seine Antwort war für mich sehr bemerkenswert: „Ja, Herr Soetarjono, Sie sind ein Phänomen. Diese Erscheinungen sind der Beweis dafür, dass Sie zwei Leben haben. Das erste endete dort, wo das organische Wachstum Ihres Körpers kurzzeitig aufhörte. Hier wurde das Wachstum kurz unterbrochen und dann sofort wieder fortgesetzt. Die Querbrüche Ihrer Nägel und der Haarausfall markieren diese Grenze. Ich gratuliere zu Ihrem zweiten Leben!"
Als Konsequenz meiner schweren Operationen 1968 und um meine berufliche Zukunft zu sichern, entschied ich mich, permanent in Deutschland zu bleiben und mich einbürgern lassen. Am 17. August 1992 musste ich aus bürokratischen Gründen meinen Namen ändern: Da Raden eigentlich ein Adelstitel ist, änderte ich meinen Vornamen auf allen offiziellen Dokumenten zu Radin Nanang.

1974 zogen wir von Berlin-Tempelhof um nach Berlin-Lichtenrade, und ich wurde Patient des Herrn Dr. Asim Kadri. Er meinte zuletzt, dass die Peristaltik meines Darmes durch die fortschreitenden Verwachsungen als Folge der schweren Darmoperationen schwächer geworden sei. Seit den schweren Operationen bin ich dazu gezwungen, jeden Tag ein Wasserklistier zu benutzen, um zu versuchen, meinen Darm zu entleeren und werde dies bis zum Ende meines Lebens machen müssen. Trotzdem bin ich glücklich und dankbar, dass die drei Tage, die die akademisch gebildeten Ärzte des AVK nach der zweiten Operation vorhergesagt hatten, bis heute andauern.

Aus meiner bitteren Erfahrung im Auguste-Viktoria-Krankenhaus 1968 komme ich zu folgender Erkenntnis:
So wie die Geburt wird auch der Tod nur von Gott bestimmt und nicht von den Menschen, egal was für eine Ausbildung man hat.

14. Berlin-Lichtenrade, 1980. Unser Einfamilienhaus. Ich hatte die Stirnwand wärmedämmend ausbauen lassen und das pfeilförmige Muster auf der Wandfassade selbst entworfen.

Mit Gottes Führung und Gottes Segen sind meine Frau und ich bis heute zufrieden und glücklich miteinander verheiratet, seit über 60 Jahren! Meine Frau und ich haben nur ein Kind, unsere Tochter Indira, die später auch ein Einzelkind (Nicky) zur Welt brachte. In Berlin-Lichtenrade hatten wir uns 1974 ein

kleines Einfamilienhaus (bzw. eine Haushälfte) am Stadtrand zugelegt. Wir haben 45 Jahre darin gewohnt, bis wir es aus gesundheitlichen Gründen aufgeben mussten. Meine Frau lebt seit Dezember 2018 in einem Pflegeheim, und ich bewohne eine Mietwohnung in Heimnähe.
Ich betrachte es als Gottes Fügung, dass wir im hohen Alter trotz gesundheitlicher Unwägbarkeiten und Covid-19 einander bisher noch haben.

15. Berlin, 24.12.1994 mit meiner Familie in unserem Haus in Lichtenrade.

MEINE BERUFSTÄTIGKEIT IN BERLIN

DIE
TECHNISCHE
UNIVERSITÄT
BERLIN

VERLEIHT MIT DIESER URKUNDE

Herrn Raden Soetarjono
geboren am 24. Dezember 1932 in Malang/Indonesien

DEN GRAD

DIPLOM-INGENIEUR

NACHDEM ER IM ORDNUNGSMÄSSIGEN
VERFAHREN DIE DIPLOMPRÜFUNG IN DER
FAKULTÄT FÜR MASCHINENWESEN
ABGELEGT HAT

BERLIN-CHARLOTTENBURG, DEN 30. Mai 1962

DER REKTOR

DER DEKAN

16. 30. Mai 1962. Ich habe endlich die TU Berlin mit einem Diplom in der Tasche verlassen.

WIE ICH ZU MEINER BERUFSTÄTIGKEIT KAM

Als ich meine Freundin, eine Berlinerin namens Dorothee Mürre, im September 1960 heiratete, war ich ein fast mittelloser Student an der Technischen Universität Berlin (TU); sie war ebenfalls Studentin. Während meiner Studentenzeit arbeitete ich bei verschiedenen Firmen, zuletzt bei der Zahnradfabrik Friedrich Stolzenberg in der Saalmannstraße in Wittenau (einem Ortsteil des Bezirks Reinickendorf), zunächst als technischer Zeichner und zum Schluss als Techniker bzw. Konstrukteur. Außerdem verdiente ich über den studentischen Arbeitsvermittlungsdienst TUSMA monatlich zwischen DM 600,- bis DM 800,-. Mein 1958 begonnenes Studium schloss ich Anfang 1962 ab. Zu dem Zeitpunkt war ich bereits Vater eines einjährigen Mädchens namens Indira Dagmar.

Als ich mit meinem Studium fertig war, bekam ich bedauerlicherweise zwei Kündigungen: Erstens von der TUSMA, da ich nun kein Student mehr war, und zweitens von der Firma Stolzenberg - mein Arbeitsplatz bei ihnen war ein Technikerplatz gewesen, und da ich nun als Ingenieur Anspruch auf ein höheres Gehalt hatte, konnten es sich meine Vorgesetzten nicht mehr leisten, mich einzustellen.

Als ich mich bereit erklärte, mich mit der bisherigen Bezahlung (zuletzt DM 800,-) zufriedenzugeben, sagte der technische Geschäftsführer Herr Rodeit, dass es tarifwidrig sei, eine Technikerstelle mit einem Hochschulabsolventen zu besetzen, er bekäme sonst Ärger mit der Gewerkschaft.

Während meines Studiums hatte ich ab und zu in der Presse und in den Nachrichten von Aktionen verschiedener Betriebsräte und Gewerkschaften gehört, jedoch hatte ich keine genaue

Vorstellung davon gehabt, was dieser Begriff eigentlich bedeutete. Hier erfuhr ich erstmals, dass die Gewerkschaft sowohl etwas mit der Einstufung und Bezahlung als auch mit der Einstellung oder Nicht-Einstellung eines Arbeitnehmers zu tun hatte. Allerdings war ich nun erst einmal arbeitslos.

Ich versuchte mein Glück im Nachtschichtbetrieb bei der PAA (Pan American World Airways) am Flughafen Tempelhof. Um 22:00 Uhr trat ich den Dienst an, und um 06:30 Uhr durfte ich Feierabend machen. Die Arbeit bestand darin, die Flugzeuge zu reinigen und sie anschließend nicht nur mit Kraftstoff, sondern auch mit Wasser zu betanken. Die ungewohnten Arbeitszeiten machten mir zu schaffen, und eines Nachts war ich körperlich so kaputt, dass ich ziemlich müde und unkonzentriert war. Ausgerechnet an dem Tag fehlten zwei Leute in meiner Schicht. Der Betriebsleiter, ein Amerikaner namens Mister Mix, ordnete an, dass ich die Wasserversorgung alleine übernehmen sollte - ich musste also abgesehen von der Betankung der Flugzeuge auch den Tankwagen, eine Jeep-ähnliche Zugmaschine mit einem angehängten großen Wasserbehälter, selbst fahren. Natürlich fragte er mich vorher, ob ich dazu bereit und fähig wäre. Aus falschem Ehrgeiz und Selbstüberschätzung antwortete ich ihm mit „Yes, Sir".

Das war mein Verhängnis, denn mir unterlief dann ein großer Fehler: Beim Manövrieren des Gefährtes unter ein Flugzeug des Typs Douglas DC6 nahm ich die Kurve zu eng und streifte eine der Landeklappen der Maschine. Das Flugzeug machte ich dadurch für den Tag flugunfähig. Als ich das Malheur meldete, wurde ich auf der Stelle entlassen. Physisch und psychisch geknickt fuhr ich nach Hause.

Nach einigen Tagen ohne Arbeit fand ich eine temporäre Einstellung bei den SIEMENS Kabelwerken in Spandau (Garten-

feld). Es war eine gewerbliche Tätigkeit in drei Schichten, die nicht gerade leicht war.
Kurz nach unserer Heirat hatten meine Frau und ich 1960 eine Anderthalb-Zimmer-Wohnung in Berlin-Tempelhof, Albrechtstraße 59 bezogen. Die Fahrten zur und von der Arbeit mit der BVG (den Berliner Verkehrsbetrieben), sowohl vorher bis Wittenau als auch danach zur Siemensstadt, waren zeitraubend. Sechsmal in der Woche musste ich täglich mehr als circa drei Stunden in meistens vollbesetzten öffentlichen Verkehrsmitteln (Straßenbahn, Bus und U-Bahn) verbringen.
Nach Monaten langer Unsicherheit bezüglich meiner Erwerbsmöglichkeiten bewarb ich mich Ende November 1962 auf Empfehlung meiner Schwiegermutter bei der BEWAG, dem Monopolbetrieb der städtischen Stromversorgung West-Berlins. Dank ihrer Vermittlung bekam ich eine Chance, dort zunächst als Praktikant zu arbeiten. Der Arbeitsvertrag vom 1. Dezember 1962 war nur auf sechs Monate befristet.
Nach den Einstellungsgesprächen bei der Betriebsdirektion Erzeugung und der Personalabteilung wurde mir empfohlen, mich bei einer Gewerkschaft anzumelden. Ich wurde Mitglied der mir empfohlenen Gewerkschaft ÖTV (Gewerkschaft Öffentliche Dienste, Transport und Verkehr). Darauf, dass es im Hause Bewag noch eine andere Gewerkschaft gab, nämlich die DAG (Deutsche Angestellten Gewerkschaft), wurde ich nicht hingewiesen, und so blieb mir diese Information zunächst verborgen. Damals war es mir ehrlich gesagt auch egal, welcher Gewerkschaft ich beitrat, Hauptsache, ich wurde eingestellt.

Ich fing meine Tätigkeit im Kraftwerk Charlottenburg als Betriebsassistent an. Das Kraftwerk wurde von einem riesigen Dampfkessel[4] angetrieben.
In der Kolonne des Kesselmeisters Szybillak durfte ich zum ersten Mal in meinem Leben die Auswechslung eines zerborstenen Kesselrohres in einem noch warmen Dampfkessel, der bereits Hunderte von Stunden im Betrieb gelaufen war, von innen erleben. Bis dahin kannte ich die innere Beschaffenheit eines Dampferzeugers nur aus Lehrbüchern und Vorlesungen - den imposanten, ca. 120m^3 großen Dampfkessel und dessen komplizierte Aufbaustruktur in echt betrachten zu können war unvergesslich für mich.
Eines Tages wurde ich von der Kraftwerksleitung gerufen. Herr Jacob, der stellvertretende Leiter des Kraftwerkes, fragte mich, ob ich mir das Lösen thermodynamischer Aufgaben zutrauen würde. Ich bejahte die Frage, denn ich hatte nicht nur Aerodynamik, sondern auch Thermodynamik studiert. Daraufhin empfahl er mir, mich bei Herrn Dr. Dern, Leiter des Wärmetechnischen Messprüffeldes der BEWAG (abgekürzt EM), im Kraftwerk Moabit vorzustellen. Ein Ingenieur in der Dienststelle EM musste wegen Alkoholmissbrauches die BEWAG verlassen, und das Messprüffeld brauchte schnellstens einen Ersatz. Das war meine große Chance und mein größtes Glück!
Im April 1963 nahm ich meine Arbeit dort auf. Die Betriebsstelle war der Betriebsdirektion Erzeugung (E) direkt zugeordnet, sie trägt daher die Abkürzung EM (M für Messprüffeld). Entsprechend der Rangordnung in der Organisation der BEWAG wur-

---

[4] Ein Dampfkessel erzeugt Wasserdampf, der dadurch entstandene Druck betreibt über eine Turbine einen Generator, der Strom herstellt.

de bei späterer Umorganisation des Unternehmens die Abkürzung in EWM geändert. Die Betriebseinheit, Dienststelle genannt, war nicht groß, sie bestand aus rund 30 Personen, zusammengesetzt aus dem Chef, sechs Ingenieuren, einer Sekretärin, zwei technischen Zeichnerinnen, zwei Technikern, einem Meister und mehreren Facharbeitern. Sowohl die Arbeitsatmosphäre als auch der Umgang miteinander waren gut.
Im Messprüffeld arbeitete ich vom März 1963 bis Mai 1978 als Mess- und Betriebsingenieur. Meine Aufgabe lag insbesondere darin, den Bau neuer Dampferzeugeranlagen und ihrer Komponenten mess- und wärmetechnisch zu begleiten, in Zusammenarbeit mit der Bauabteilung, den Kraftwerken, den Baufirmen und dem zuständigen Technischen Überwachungsverein (TÜV).
Nach der Inbetriebnahme der Anlagen mussten wir deren Abnahme vorbereiten und unter Aufsicht des TÜV durchführen. Die dabei gewonnenen wärmetechnischen Daten waren wichtige Grundlagen für die spätere optimierte Betriebsführung, da wir mit unseren Kraftwerken in West-Berlin nicht nur elektrischen Strom, sondern durch Wärme-Kraft-Kopplung auch Fernwärme[5] erzeugten. Bei Bedarf führten wir auch Messungen an älteren Anlagen durch, um festzustellen, wo beispielsweise die Ursache eines Leistungsabfalles liegen könnte. Durch die Tätigkeit in der Dienststelle gewann ich nicht nur bessere Einblicke in die technischen Anlagen unserer Erzeugungsanlagen, sondern auch mehr Kontakt mit Kollegen aus den Kraftwerken und der Maschinenbau-Abteilung. Von der Breite der Unternehmensstruktur lernte ich in den sechzehn Jahren meiner Ingenieurtätigkeit allerdings nicht viel kennen.

---

[5] Versorgung mit Raumwärme und Warmwasser.

MEIN ENGAGEMENT ALS BETRIEBSRAT

Als ich von April bis August 1968 wegen schwerer Darmoperationen im Auguste-Viktoria-Krankenhaus lag, war ich mit einem BVG-Fahrer, der wie ich Mitglied der Gewerkschaft ÖTV war, in einem Zimmer untergebracht. Er bekam regelmäßig Besuch von Kollegen, Betriebsräten und ÖTV-Funktionären, mich besuchte allerdings niemand von der Gewerkschaft. Das ärgerte mich sehr, denn schließlich war ich auch ÖTV-Mitglied.

Zum Glück gab es bei der BEWAG noch eine andere Gewerkschaft: die DAG. Als ich wieder zur Arbeit gehen durfte, gab ich mein ÖTV-Gewerkschaftsbuch im Büro ab und trat umgehend der DAG bei. Bei den DAG-Kolleg/innen war ich nicht schlecht angesehen - im Gegenteil: Von 1968 bis 1974 wuchs ihr Vertrauen in mich so sehr, dass sie mich für die Betriebsratswahl nominierten. 1974 wurde ich stellvertretender Betriebsrat für den Baubereich. 1978 bekam ich als DAG-Kandidat soviel Vertrauensbeweise seitens der Belegschaft, dass ich für die Periode 1978 bis 1982 einen vollwertigen Sitz im Betriebsrat bekam.

Als feststand, dass ich in den Betriebsrat gewählt worden war, rief mich der frisch gewählte Betriebsratsvorsitzende, Kollege Klaus Jatzky, an. Er fragte mich, ob ich bereit wäre, den Bereich VZ (Verteilungs-Zentralstelle), der bisher von Klaus Heyne, einem ÖTV-Kollegen, betreut wurde, zu übernehmen.

Da der Bereich ziemlich umfangreich sei, wäre eine Freistellung von meiner bisherigen Ingenieurarbeit notwendig. Die Entscheidung lag bei mir. Ich bat um eine Bedenkzeit von 24 Stunden. Nach sechzehn Jahren Arbeit im wärmetechnischen

Messprüffeld der Bewag sollte ich nun reine Betriebsvertretungsarbeit in einem mir in jeder Hinsicht fremden Bereich verrichten. Es fiel mir ziemlich schwer, eine Entscheidung zu treffen, aber ich fühlte mich herausgefordert. Als risikofreudiger Mensch reizte mich das – ich nahm die Stelle an.
Die Herausforderung lag für mich darin, dass ich als Betriebsingenieur, nach sechzehn Jahren rein technisch-wissenschaftlicher Arbeit, mich nunmehr auch personal- und sozialrechtlichen Problemen widmen musste.
Ein noch größeres Hindernis für mich sah ich in der Struktur der zu vertretenden Belegschaft. Die Abteilung VZ war eine jahrelange Hochburg der ÖTV. Weit mehr als die Hälfte der Belegschaft waren handwerklich Tätige und Elektriker, ich war Maschinenbauer und Akademiker. Es gab Schichtdienstler aller Art, Telefonistinnen und Bereitschaftsdienstler in der Belegschaft. Ich musste ihre „Sprache" kennen, um sie verstehen und ihre Interessen vertreten zu können. Niemand, bis auf die wenigen leitenden Ingenieure, kannte mich bis dahin. Deshalb entschloss ich mich, den Anfang zu machen, indem ich mich schriftlich vorstellte und den Rundbrief von den jeweiligen Dienststellenleitern an die Belegschaft verteilen ließ. Das war offenbar effektiv, denn, als ich die Belegschaft danach besuchte, wurde ich nicht unfreundlich empfangen und es kam öfter zum Dialog.
Mit Gottes Segen konnte ich im Jahre 1987 mein 25-jähriges Dienstjubiläum begehen. Da kamen am 1. Dezember 1987 Hunderte von Kolleginnen und Kollegen auf meine Einladung hin in die Kantine der Dienststelle VZR und wir feierten gemeinsam. Auch meine liebe Frau und unsere Tochter waren bei der Urkundenüberreichung dabei. Sogar der technische Vorstand der BEWAG, Prof. Dr.-Ing. Müller, gab mir die Ehre.

17. Prof. Dr. Ing. Müller vom Vorstand gratuliert zum Dienstjubiläum.

18. 1. Dezember 1987: 25-jähriges Bewag-Dienstjubiläum.

Meine Betriebsratsarbeit schien nicht so schlecht gewesen zu sein, denn ich wurde zweimal wiedergewählt. Ich saß unter anderem auch in der Kommission für betriebliches Vorschlagswesen. Dort kann man nicht nur Freunde gewinnen, sondern auch Feinde. Das erlebte ich mehr als einmal.
Der Anfang meiner Betriebsratstätigkeit war nicht einfach. Besonders, mich als einziger nicht weißhäutiger Mensch unter Tausenden von europäischen Mitarbeitern beim Konzern BEWAG zu behaupten, war nicht frei von Konflikten.
Der Betriebsrat der Bewag hatte damals 29 Mitglieder, 6 waren DAG- und 23 ÖTV-Mitglieder. Er bestand aus 21 Betriebsräten, die die Belegschaft vertraten (zu denen gehörte auch ich), und dem höher gestellten Betriebsausschuss, der mit dem Betriebsratsvorsitzenden und dessen Stellvertreter 8 Mitglieder zählte. Die meisten Betriebsräte kamen aus den üblichen tariflichen Gehaltsgruppen und waren nur teilweise von ihrer Arbeit befreit. Im Laufe der Zeit hatten sie die Möglichkeit, entsprechend der Gehaltsentwicklung ihrer Tätigkeit aufzusteigen. Ihre Aufstiegsmöglichkeiten waren dadurch abhängig von ihren Vorgesetzten, bzw. dem Betriebsausschuss.
Ich war der einzige im Betriebsrat, für den dies nicht zutraf, weil ich bereits ein AT(außertarifliches)-Gehalt hatte, bevor ich in den Betriebsrat gewählt wurde. Dieses war ohnehin höher als das der anderen und nicht von der Gunst der Betriebratsvorsitzenden abhängig. Da ich sowieso schon "Exot" war, wurde ich deshalb aus vielerlei Gründen misstrauisch und neidisch beäugt. Das war mir bewusst. Desto mehr war ich entschlossen, gegen den Strom zu schwimmen.
So fing es an: Im Jahr 1978 wurde die Kantine in der Hauptverwaltung modernisiert, das Einheitsessen aber blieb gleich. Nach dem Motto „Es wird gegessen, was die Kraftwerker es-

sen" gab es nirgendwo eine Auswahl an Gerichten. Zu entscheiden hatte die Küchen- und Kantinen-Kommission.
Im September 1978 verteilte eine kleine Gruppe kaufmännischer Angestellter aus einer netztechnischen Dienststelle schriftlich in Form eines Rundbriefes im Speisesaal und in manchen Büros einen sogenannten „Mitesserbrief". Inhalt war ein Appell an die Küchenkommission und die Verwaltung, man möge doch die Modernisierung der Hauptverwaltungs-Kantine mit der Einführung von Auswahlessen verbinden. Diese Initiative der Kolleginnen und Kollegen wurden vom Leiter der Küchenkomission (LKK), der außerdem als stellvertretender Betriebsratsvorsitzender agierte, als persönliche Kritik aufgefasst. Er war so empört, dass er den Betriebsausschuss dazu bewog, die Personalverwaltung (PV) einzuschalten, um den Mitesserbriefschreiber/innen auf die Finger zu klopfen. Die PV kontaktierte die juristische Abteilung und der Hausdetektiv, Herr Becker, verhörte die Rundbriefschreiber/innen, drohte ihnen gar mit Disziplinarmaßnahmen.
Der Dienststellenleiter, Herr Ralf Tschinkel, den ich eigentlich nur aus den AT-Versammlungen kannte, bat mich eines Tages um Hilfe. Als ich ihm sagte, dass ich neu im Betriebsrat sei und seine Dienststelle doch einen eigenen örtlichen Betriebsrat hätte, antwortete Herr Tschinkel, er hätte sowohl seinen Betriebsrat als auch das zuständige Betriebsausschussmitglied angesprochen, aber die wollten ihm und den anderen Rundbriefschreibern nicht helfen. Sie hätten höhnisch gesagt: „Ihr habt Euch die Suppe selbst eingebrockt. Seht zu, wie ihr sie auch selbst auslöffelt." Deswegen wandte sich Herr Tschinkel mit Einverständnis der anderen Rundbriefschreiber an mich.

Bei der nächsten Betriebsratssitzung brachte ich die Angelegenheit zur Sprache und stellte einen schriftlichen Antrag mit sinngemäß folgendem Inhalt:

1. Die Briefunterschreiber vom Hausdetektiv verhören zu lassen und wegen ihres Mitesserbriefes mit Disziplinarmaßnahmen zu drohen ist unter der Würde dieses Hauses.
2. Der Inhalt des Mitesserbriefes sollte als Anregung diskutiert werden.
3. Man sollte auf Spatzen nicht mit Kanonen schießen.

Der Betriebsratsvorsitzende nahm meinen Antrag nicht an und forderte mich auf, diesen zurückziehen, was ich wiederum ablehnte. Stattdessen bestand ich darauf, darüber abstimmen zu lassen - dadurch wurde mein Antrag zwangsweise ins Protokoll aufgenommen und somit dokumentiert.
Das Ergebnis der Abstimmung war, dass von den 29 Mitgliedern nur zwei für und 27 gegen meinen Antrag stimmten. Das heißt, alle DAG-Betriebsräte waren auch gegen mich, aus Angst vor dem LKK, der ebenfalls DAG-Mitglied war und stellvertretender Betriebsratsvorsitzender noch dazu. Der Rest waren sowieso ÖTV-Mitglieder, die gegen mich voreingenommen waren, weil ich 1968 von der ÖTV zur DAG übergetreten war.

Was sollte ich nun machen, nach meiner Abstimmungsniederlage im Betriebsrat? Ich fühlte mich gegenüber Ralf Tschinkel und den anderen Kolleg/innen, die den Mitesserbrief unterschrieben hatten, noch immer verpflichtet.
Der Mitesserbrief wurde damals auf Thermopapier der der Dienststelle gehörenden Kopiermaschine gedruckt, es gab

noch keine Fotokopierer wie heute. Die Benutzung dieses Materials war von dem Hausdetektiv als Materialdiebstahl ausgelegt worden. Firmeneigentum widerrechtlich benutzt zu haben ist ein schwerer Vorwurf. Als ich das erfuhr, bat ich Herrn Tschinkel, mir eine Originalrolle des Thermopapiers zu besorgen. Am nächsten Tag bat ich um einen Termin beim Personalchef, Herrn Körnig, der für das gesamte Personal der Bewag, inklusive natürlich dem LKK, zuständig war. Als er mich begrüßte, hatte ich die Thermopapierrolle unterm Arm. Ehe er etwas sagen konnte, legte ich die Papierrolle auf seinen Tisch und sagte: "Hier ist der Ersatz des angeblich von den SWT-Mitarbeitern geklauten Firmeneigentums. Schießen Sie bitte auf Spatzen nicht mit Kanonen, Herr Körnig." Es entstand eine kurze Diskussion. Zum Schluss rief er noch in meiner Gegenwart die juristische Abteilung an, und die Angelegenheit mit dem Mitesserbrief wurde abgeblasen.

Durch meinen eigenen unkonventionellen Einsatz war es mir gelungen, den Mitesseraktivisten zu helfen und dem Betriebsrat Paroli zu bieten. Der LKK nannte mich seitdem einen Profilneurotiker und redete nicht mehr mit mir. Das Essensangebot wurde bei der BEWAG seitdem verbessert. Das Einheitsessen wurde in der Hauptverwaltung abgeschafft und durch Einführung des Auswahlessens schmackhafter gemacht.

Bei meiner vorherigen Arbeit als Techniker war das Arbeitsobjekt meiner Tätigkeit Maschinen und Geräte gewesen. Als Betriebsrat hatte man primär arbeitende Menschen als Objekt. Darin lag für mich der Reiz: mit Menschen im Betrieb umzugehen. Diese Episode war mein erster gelungener Auftritt als Betriebsrat. Dieses Erfolgserlebnis motivierte mich, und in den Jahren danach gab es noch viele Fälle, die ich zugunsten von Kolleginnen und Kollegen lösen konnte.

19. Betriebsrat der Bewag, Periode 1987-1990.

Als Schlussabschnitt meiner BEWAG-Betriebsratsphase möchte ich von einem Fall erzählen, dessen Verlauf und Ergebnis mich sehr stolz machten:

1994 sprach mich ein Chemielaborant aus der Dienststelle ECL, Herr Bijali Patra an, ob ich ihm helfen könnte. Als Betriebsrat war ich langjähriges Mitglied des betrieblichen Verbesserungsvorschlagwesens (BVW) der BEWAG. Herr Patra arbeitete im Kraftwerk Lichterfelde und hatte einen Verbesserungsvorschlag eingereicht, der aber nicht von den Ingenieuren des Kraftwerkes befürwortet und deshalb vom BVW abgelehnt wurde.

Wie im Fall von Herrn Tschinkel war ich eigentlich nicht das zuständige Betriebratsmitglied, aber weil er von Kollegen, die mich kannten, die Empfehlung bekam, mich anzusprechen, wandte Patra sich trotzdem an mich. Nachdem ich seinen abgewiesenen Verbesserungsvorschlag und die Ablehnungsbegründung durchgelesen hatte, nahm ich seine Bitte an. Nach meiner Nachforschung seines Verbesserungsvorschlages war ich von dessen Qualität überzeugt und beschloss, ihm zu seinem Recht zu verhelfen. Ich kontaktierte verschiedene Stellen bis hoch zur Betriebsdirektion, um mein Ziel zu erreichen. Siehe da, Herr Patra bekam die verdiente Verbesserungsvorschlagsprämie in fünfstelliger Höhe.

Als Anerkennung ließ er seine Danksagung in der BEWAG-Betriebszeitung „impulse" vom November 1995 auf Seite 4 veröffentlichen. Das machte mich stolz, denn kein BEWAG-BR-Mitglied hatte jemals eine solche „Loburkunde" von einem Belegschaftsmitglied bekommen.

Eigentlich wollte ich bis zu meinem Rentenalter mit 65 Jahren voll arbeiten, das wäre Ende 1997 gewesen. Mein Arzt diagnostizierte mir aber 1994, dass ich an der rechten Schläfe einen Tumor hätte. Ich wurde weiter untersucht im Krankenhaus Neukölln. Ende des Jahres sollte der Tumor entfernt werden, dafür hatte ich sogar bereits einen Termin. Auf meine Frage, wie groß die Erfolgschance bei der Operation wäre, antwortete mir der Chefarzt, der diese durchführen sollte: 50%. Daraufhin sagte ich den OP-Termin ab. Ich bekam einen Schwerbehinderungsgrad von 60% und ging 1996 frühzeitig in den Ruhestand.

Zufriedenheit allen mitteilen

Wenn man mit etwas oder jemandem außerordentlich zufrieden ist, möchte man dies gern allen mitteilen. Ich habe das Bedürfnis, meine Zufriedenheit und Achtung über den selbstlosen Einsatz eines Mitgliedes des Betriebsrates hier öffentlich zu machen.

Ich bin seit 1966 in diesem Unternehmen und als Chemielaborant seit Bestehen des HKW Lichterfelde dort tätig. Als solcher beobachtete ich regelmäßig, wie zeit- und kostenaufwendig und wie gefährlich die Arbeiten bei der Entsorgung und Reinigung der Kesselwaschwässer, die dreimal jährlich anfallen, waren. Ich habe mir darüber Gedanken gemacht und das Ergebnis meiner Überlegungen 1986 als Verbesserungsvorschlag eingereicht. Kerninhalt war die Aufstellung eines genügend großen Neutralisationsbehälters mit festen Rohrverbindungen zu den Kesseln. Dieser Vorschlag wurde abgelehnt, unter anderem mit der Begründung, es gebe keinen Platz für die Aufstellung des Behälters. Zu meinem Erstaunen wurde mein Vorschlag Jahre später doch realisiert. Der Behälter steht für jeden sichtbar auf dem Kraftwerksgelände.

1993 machte ich einen anderen Verbesserungsvorschlag, der auf eine erhebliche Einsparung eines Betriebsstoffes abzielte. Der Vorschlag wurde zwar angenommen, aber so bewertet, daß die Prämie nur einen geringen Bruchteil der Einsparung ausmachte. Ich legte Widerspruch ein, erreichte aber nichts.

Keiner konnte mir weiterhelfen. In dieser Situation suchte ich im Sommer 1994 Hilfe beim Betriebsrat. Ein BA-Mitglied riet mir, mich an Radin Soetarjono zu wenden, der unter den Betriebsratsmitgliedern der engagierteste und sachkundigste im Hinblick auf BVW-Angelegenheiten sei. Wie ich auch von anderer Seite hörte, hatte Radin Soetarjono dem Einreicher eines Verbesserungsvorschlages in einem ähnlich gelagerten Fall zu seinem Recht verholfen.

Nach langem und zähem Ringen, verbunden mit umfangreicher Korrespondenz mit den zuständigen Stellen in unserem Unternehmen, die er größtenteils außerhalb seiner Arbeitszeit führte, ist es Radin Soetarjono tatsächlich gelungen, Beachtliches für mich zu erreichen. Am 31. August 1995 wurde mir in Anwesenheit der Hauptabteilungsleiter Z, Dr. Joachim Schmelzer, und P, Manfred Göllner, sowie Radin Soetarjono im Namen des Vorstandes die positive Entscheidung mitgeteilt. **Ich danke hiermit Radin Soetarjono öffentlich und nachdrücklich für sein Engagement.**

Bijali Patra, ZC

20. Meine Loburkunde von Bijali Patra.

POLITIK & PHILOSOPHIE

Die Gedanken in den folgenden Teilen "Politik" und "Philosophie" habe ich über mehrere Jahrzehnte meines Lebens niedergeschrieben, einige Ereignisse des damaligen Tagesgeschehens sind im heutigen politischen Alltag nicht mehr aktuell, aber können sicher als Zeitzeugnis dienen bzw. haben auch heute noch Relevanz. Einige von ihnen sind zur besseren Verständlichkeit teilweise nachbearbeitet bzw. gekürzt oder ergänzt worden.

Bevor ich über Politik und Philosophie rede, möchte ich erläutern, was ich damit meine - man muss ja wissen, worüber man spricht.

Politik ist in meinen Augen alles, was uns Menschen angeht. Im Allgemeinen spricht man über Politik, wenn man Maßnahmen der Regierenden, der Verwaltung, der Volksvertretung oder der Machthaber meint. "Die Politik ist Schuld", „Die Politik hat versagt","Scheißpolitik" sagt man, wenn die Regierung oder Verwaltung nicht das tut, was einen befriedigt. Man befolgt trotzdem die enttäuschenden Maßnahmen. Andere Menschen, die nicht so enttäuscht sind, führen die angeordneten Maßnahmen erfreut oder gleichgültig aus. Sowohl die Machthabenden als auch die, die von der Macht betroffen sind, sind Menschen wie Du und ich.
In einem kleinen Dorf macht der Dorfälteste die Dorfpolitik, in der Gemeinde macht es der Gemeindevorsteher, in der Kommune der Bürgermeister usw. In der großen weiten Welt ist die Weltbevölkerung von der Weltpolitik betroffen. Weil die Menschen in jeder Hinsicht voneinander verschieden sind, ist die

Weltpolitik auch fragmentiert. Ich möchte hier nur über einige Fragmente und Facetten dieser Weltpolitik reden.

Am Beispiel einer Bedürfniskurve (z.B. von Abraham Maslow) sind die menschlichen Bedürfnisse fünfstufig: Ganz unten sind physiologische Bedürfnisse wie Essen und Trinken, dann Sicherheit, soziale Bedürfnisse, Individualbedürfnisse und auf der obersten Stufe ist das Bedürfnis der Selbstverwirklichung. Die oberen Stufen bauen auf den vorangegangenen Stufen auf und sind von ihnen abhängig, z.B. ist die eigene Selbstverwirklichung von der Beherrschung der materiell und finanziell Abhängigen bedingt. Das Werkzeug, um dies zu erreichen ist das Geld. Das Ziel der absoluten Selbstverwirklichung ist die absolute Macht des Geldes über die Welt.

Was ist Philosophie? Das Wort stammt aus dem Griechischen und heißt wortwörtlich „Liebe zur Weisheit". Die stärkste Gabe von uns Menschen ist m. E. unser Interpretationsvermögen.
Wenn ich Politik als alles, was uns Menschen angeht, verstehe, dann ist analog dazu die Philosophie alles, was wir Menschen versuchen, verstehen zu wollen. Das Interpretationsvermögen ist das Werkzeug dazu.

Politik und Philosophie sind miteinander verwandt. Politik ist niemals frei von Interpretation und Philosophie ist voll davon. Deshalb ist der Begriff „Politische Philosophie" m.E. die richtige und bessere Bezeichnung für das, was wir tagtäglich erleben und überall sehen. Im Abschnitt "Gottesglauben" können Sie lesen, dass ich zwar gottgläubig und kein Atheist bin, aber kein Anhänger von Religionen, weil Religionen von Menschen (die alle die oben genannten Bedürfnisse haben) gemacht werden. Unter Missbrauch des Namens Gottes schaffen sie Ideologien, um ihre Mitmenschen zu beeinflussen und zum Schluss zu beherrschen. Die treibende Kraft dazu ist wiederum immer das Geld.

Seit jeher wurden Beherrschungskriege immer im Namen von jemandem (Adelsfiguren, Grundbesitzern, Königen, Kaisern aber auch im Namen von Kirchen und Geistlichen) geführt. Heutzutage tragen die Eroberer keinen Namen von Personen, sondern agieren anonym.
Zu diesem Anonymus gehört der Name Gottes und Menschen, die sich als Heilige oder Nachfahren von ihrem Gott deklarieren. Sie bedienen sich anderer Anonymitäten wie Banken, Geld- und Finanzhäusern, Konglomeraten, Hedgefonds usw.

POLITIK

Nachfolgend möchte ich einige meiner persönlichen politischen Philosophien darbieten. Ich bin zwar deutscher Staatsangehöriger und lebe seit über 60 Jahren in (West-)Berlin, aber weil ich gebürtiger Indonesier bin, fange ich am Besten mit einer Aufklärung der politischen Lage in meinem Geburtsland an, da ich den Eindruck habe, dass man hierzulande viel zu wenig über dieses Inselreich in Südost-Asien weiß.

DIE POLITIK IN INDONESIEN, MEINEM GEBURTSLAND

DIE VOR-SUKARNO-ÄRA

Bis 1942 war Indonesien 350 Jahre lang eine Kolonie der Niederlande mit dem Namen Nederlands-Indië (Niederländisch-Ost-Indien). Die Niederländer kolonisierten die multikulturelle Bevölkerung, die aus Javanern, Maduresen, Sundanesen, Buginesen, Minangkabauern, Bataks, Menadonesen, Ambonesen, Papuas und anderen ethnischen Gruppen bestand, und nutzten das bestehende feudalistische System zu ihren Gunsten.

Sie beherrschten die obersten Bevölkerungsschichten und gaben ihnen Privilegien; als Gegenleistung mussten diese Bevölkerungsschichten die Beeinflussung und die Beherrschung des arbeitenden und einfachen Volkes nach den Willen und zugunsten der Kolonialherren durchführen. Als Privilegien bekamen sie eine westliche Ausbildung und Gelegenheiten, im Dienste des Staates tätig zu sein. Diese privilegierte Schicht der Einheimischen wurde auf Java *Priyayi* genannt. Während die Engländer und die Franzosen ihre kolonisierten Völker zwangen, die Sprache ihrer Kolonialherren zu erlernen bzw. zu sprechen, ließen die Niederländer ihre kolonisierten Völker ungebildet und analphabetisch bleiben. Volksschulen durften nur zwei Klassen haben, wo die Schüler nur Rechnen und Schreiben lernen. Diese 'Volksverdummungspolitik' der niederländischen Kolonialherren bewog manche *Priyayis* nach dem ersten Weltkrieg, politisch aufzuwachen und 1928 eine nationale Jugendbewegung zu gründen.

Die indonesische Weltanschauung basiert auf fünf Grundpfeilern des indonesischen Staates, die von Soekarno entwickelt und am 1. Juni 1945 verkündet wurde:

Wir streben nach der Unabhängigkeit des Staates INDONESIEN in den Grenzen des von den Niederlanden Niederländisch-Ost-Indien genannten Gebietes, mit der Nationalflagge Rot-Weiß, der Nationalhymne Indonesia Raya ("Großartiges Indonesien"), dem Staatswappen Garuda (Adler) und der folgenden Staatsphilosophie:

1. **Der Glaube an Gott,** den einzigen und allmächtigen Gott. Dies soll ein Staat der Gläubigen, jedoch weder ein Staat der Religionen noch der Atheisten sein.
2. **Menschlichkeit.**
3. **Nationalismus.**
4. **Humanismus.**
5. **Soziale Gerechtigkeit.**

Die Situation in Indonesien heute hat eine lange Vorgeschichte:

DIE SUKARNO-ÄRA

Es gibt kaum einen Staat der Dritten Welt, der seit 1945 bis Anfang 1998, trotz seiner geopolitischen Lage und Struktur, politisch so stabil geblieben ist wie Indonesien. Der erste Präsident war der legendäre javanische Diplom-Ingenieur Sukarno. Der erste einheimische Absolvent der einzigen Technischen Hochschule des damaligen Niederländisch-Ost-Indien kämpfte bereits in den 20er Jahren für die Unabhängigkeit dieser niederländischen Kolonie. Wegen seiner politischen Aktivitäten wurde er vor dem 2. Weltkrieg jahrelang von der Kolonialmacht Niederlande in Digul, einem Malaria-verseuchten Gebiet in West-Neuguinea , eingekerkert. Im Jahre 1942 wurde er von den Japanern befreit. Nach der Kapitulation Japans im August 1945 war es Sukarno, der am 17. August 1945 die Unabhängigkeit Indonesiens ausrief. Der Versuch der Niederländer, Indonesien wieder als Kolonialgebiet militärisch zurückzuerobern, dauerte bis 1949 an und scheiterte letztendlich. Sukarno war einer der Initiatoren (zusammen mit Nehru, Nasser und Tito) der Blockfreien-Bewegung[6], die mit der Bandung-Konferenz in Indonesien gegründet wurde. Obwohl Indonesien unter Sukarno 1948 einen kommunistischen Putschversuch blutig niederschlug, war Sukarno dem Westen, insbesondere den USA, suspekt, weil Indonesien blockfrei bleiben wollte. Indonesiens kommunistische Partei (PKI) war angeblich von der Mitgliederzahl her die drittgrößte der Welt, nach China und der Sowjetunion. Dies war Grund genug für die USA, Su-

---

[6] Internationale Organisation von Staaten, die sich im damaligen Ost-West Konflikt neutral verhielten.

karno möglichst abservieren zu wollen. Mehrere separatistische Bewegungen mit ausländischer Waffenhilfe wurden blutig von der Armee niedergeschlagen. Sukarno und seinen Mitstreitern der ersten Stunden der Unabhängigkeitsbewegung war es gelungen, mit der sogenannten „gelenkten Demokratie" den Indonesiern bis zum Anfang der 60er Jahre politisches Selbstbewusstsein, nationale und soziale Identität einzupflanzen, sowie demokratische Stabilität und Frieden bei bescheidenem wirtschaftlichen Wohlstand zu geben. Insbesondere basierte Sukarnos Erfolg auf folgender Politik:

1. Obwohl Sukarno ein Javaner war und das javanische Volk mehr als 70% der Indonesier bildete, hat er nicht die javanische Sprache, die feudalistisch strukturiert ist, als indonesische Nationalsprache gewählt, sondern die Sprache einer Minderheit, nämlich die der Bewohner der Riauw-Inseln an der Straße von Malakka, die einfacher und verbreiteter war als die javanische Sprache. Ich kenne kein anderes Land, in dem die Sprache einer regionalen Minderheit zur Nationalsprache gemacht wurde.
2. Obwohl Sukarno zur oberen Schicht des feudalistischen javanischen Volkes gehörte, führte er eine demokratische Verfassung („Pancasila") ein, die dazu geeignet war, die Feudalmentalität in der Bevölkerung nach und nach zu eliminieren.
3. Als Heimat und Einheitsstaat der Vielvölkernation unter dem Äquator, der Schicksalsgemeinschaft der 350 Jahre lang unter den Niederländern kolonisierten Menschen, sollte Indonesien nicht mehr und nicht weniger als das Territorium des damaligen Niederländischen-Ost-Indien ausmachen.

4. Durch Transmigrationsprogramme wollte Sukarno erreichen, dass die dicht bevölkerten Inseln, besonders Java und Madura, etwas entlastet und die anderen dünn besiedelten Inseln dichter bevölkert werden sollten. Es wurde politisch angestrebt, dass die Angehörigen der verschiedenen ethnischen Gruppen dadurch schneller verschmelzen.

DIE SUHARTO-ÄRA

Der zweite Präsident, der bis Mai 1998 regierende General Suharto, baute nach der zweifelhaften, von den USA geförderten und 1965 vollzogenen Machtergreifung, auf der Grundlage des unter seinem Vorgänger geschaffenen sozialpolitischen Fundamentes, die Wirtschaft mit Hilfe von ausländischem Kapital scheinbar erfolgreich auf. Bei einem aus mehr als 200 ethnischen Gruppen bestehenden 200 Millionen-Volk, das über ein Areal von ca. 13 Millionen Quadratkilometern und mehr als 17.000 Inseln verstreut ist, wäre ohne eine starke nationale Identität, wie sie von Sukarno aufgebaut worden war, keine stabile wirtschaftliche Entwicklung, wie sie in den 32 Jahren bis Anfang 1998 geschehen war, möglich gewesen. Dieses starke Nationalbewusstsein der Indonesier hat das Land bis heute noch davor bewahrt, zersplittert bzw. balkanisiert zu werden oder als Spielball von verschiedenen Mächten auseinanderzufallen.

Leider hat Suharto in seiner 32-jährigen autokratischen Herrschaft vieles, was Sukarno aufgebaut hatte, zerschlagen und rückgängig gemacht. Hier einige wichtige Fakten:

1. Suharto war mehr Javaner als Indonesier und beherrschte die indonesische Sprache nur mangelhaft. Wenn er redete, sprach er mehr javanisch als indonesisch. Suharto und seine Familie gehören zum javanischen Bürger- und Beamtentum, den *Priyayi*. Suharto hat den javanischen Feudalismus während seiner Herrschaft noch stärker gefördert als je zuvor und für sich systematisiert. In seinem Staatssystem wurde die feudalistische Hierarchie weiter ausgebaut und verfeinert.
2. Ein auffälliges System im Indonesien der 32 Jahre währenden Suharto-Ära war, dass die Frauen der Vorgesetzten sowohl von den Mitarbeitern als auch von deren Frauen und Familienangehörigen als Vorgesetzte zu behandeln waren, und sie machten auch reichlich von dieser Machtstellung Gebrauch. Analog zu den organisierten Staatsbediensteten, die obligatorisch der Staatspartei „Golkar" oder der Gruppe der Waffenträger (ABRI=Militär+Polizei) angehörten, mussten sich die Frauen der Staatsdiener im In- und Ausland im „Dharma Wanita" (Frauendienst) organisieren und den Anweisungen der Vorgesetzten einschließlich deren Ehefrauen bedingungslos folgen. Vorgesetzten gegenüber hatten sich Mitarbeiter stets devot zu verhalten. Nur so konnte Suharto seiner eigenen Sippe und seinen Ja-Sagern Vorteile verschaffen. Suharto drehte das Rad damit wieder zurück, das Sukarno bereits in Richtung Demokratie zum Rollen gebracht hatte.
3. Das Staatssystem unter Suharto war keinesfalls mit dem der Bundesrepublik Deutschland, sondern eher mit dem der ehemaligen DDR vergleichbar: Ein totalitäres System, das allerdings durch die USA und den Westen (auch von der Bundesrepublik Deutschland) gestützt wurde. Damit

wurden im Laufe von drei Dekaden diktatorische und korrupte Verhältnisse geschaffen, zum Wohle des Kapitals. Was Soekarno in den ersten 20 Jahren (1945 bis 1965) an parlamentarischer Demokratie aufgebaut hatte, wurde von Suharto - wohlgemerkt mit Hilfe und kräftiger Unterstützung des Westens, besonders der USA - zunichte gemacht. Von den 1000 Mitgliedern des angeblich demokratisch gewählten Parlaments wurden 500 von Militärs besetzt, die von Suharto ernannt wurden, der Rest von Zivilorganisationsmitgliedern, die den Militärs wohlgesonnen waren.

DIE ZEIT NACH SUHARTO

Der folgende Text bildet die Situation in Indonesien und meine Ansichten dazu ca. 2000 ab:

Die Unruhen in Indonesien – aber auch anderswo - sind meines Erachtens die Konsequenz der folgenden weltpolitischen Entwicklungen:

1. Das Ende des Kalten Krieges und die Ausbreitung der Globalisierung:

Von Anfang der Machtergreifung Suhartos 1965 bis 1990 war Indonesien, wie auch viele lateinamerikanische und afrikanische Länder, in denen das Militär herrschte, für ausländisches Kapital attraktiv. Kapital strömte herein, die natürlichen Ressourcen wurden exploitiert. Dank der forcierten Industrialisierung und Korruption wurde die herrschende Oligarchie um

Suharto in Indonesien reicher und reicher. Die Wirtschaft blühte, wenn auch vielfach auf Pump. Kredite wurden leichtfertig vom Ausland vergeben, der Staat und die Privatwirtschaft waren überschuldet.
Seit der Wende bzw. dem Ende der Ost-West-Konfrontation hat das Kapital noch mehr Betätigungsfelder, in Osteuropa und anderswo. Die Mobilität des Kapitals kennt keine Grenzen mehr, die Globalisierung ist da. Die Rahmenbedingungen für das internationale Kreditwesen haben sich grundlegend zu Ungunsten der Kreditnehmer verändert.
So entstanden in Indonesien am Ende der Suharto-Ära Schlag auf Schlag Finanz-, Währungs- und Wirtschaftskrisen.

2. Die Rolle der USA

Nach der Wende änderten die USA unter Bill Clinton ihre antikommunistische Außenpolitik in eine Politik der Förderung von Demokratie und Menschenrechten. Pressefreiheit, freie Wahlen und deregulierte Märkte sollten die Eckpunkte der Demokratie in allen Ländern der Welt sein, in denen das internationale Kapital die Wirtschaft ankurbeln sollte, auch in Indonesien. Die USA waren nun die einzige Weltmacht geworden, und das Kapital brauchte offene Grenzen bzw. einen grenzenlosen Markt. Suharto in Indonesien, genauso wie Pinochet in Chile, wurde politisch von den USA fallen gelassen. Unter innen- und außenpolitischem Druck musste Suharto im Mai 1998 abdanken. Der amerikanische Politik- und Wirtschaftswissenschaftler und Asienexperte Jeffrey A. Winters (Northwest University, Chicago, USA) hat in seinem Buch „Power in Motion" u.a. sogar geschrieben, dass das internationale Kapital und die internationalen Investoren Suharto zum Rücktritt zwangen, nicht die demonstrierenden Studenten.

Als Zeichen des Demokratisierungswillens der Regierung, die nicht nur unter dem Druck der USA, sondern auch dem der internationalen Geldgeber (IWF, Weltbank, G7-Länder) stand, führte Suhartos Nachfolger Habibie die vorher 32 Jahre lang nicht existente Pressefreiheit ein und versprach baldige demokratische Wahlen und Privatisierung der vielen Staatsfirmen. Mit Hilfe der Medien sollte die Demokratie vorangetrieben werden. Die Medien, besonders die Presse, berichteten über alles, vorzugsweise über schlechte Nachrichten, und machten ein gutes Geschäft damit. Das Volk, das es 32 Jahre lang wie im Ostblock bzw. in der damaligen DDR nur gewohnt war zu schlucken, was die Machthaber ihnen sagten, musste jetzt, ausgerechnet in einer Zeit der wirtschaftlichen Entbehrungen, tagtäglich hören und lesen, wie groß die Kluft zwischen Arm und Reich ist, wie korrupt der Suharto-Clan und dessen Freunde sind, wie schlecht die wirtschaftliche Lage ist usw. Dieser Dammbruch von Informationen und der Meinungsfreiheit seit Mai 1998 bis heute überfordert die Masse der Indonesier regelrecht und macht sie kopflos und nervös. Wenn das wirtschaftliche Umfeld in Ordnung wäre, würde dies noch zu verkraften sein. Da die Rahmenbedingungen (finanzielle, wirtschaftliche, soziale und politische) allerdings schlecht sind, gerät das soziale Gleichgewicht vielerorts außer Kontrolle und die Menschen sind leichter zu manipulieren. Dies ist die Ursache vieler sozialpolitischer Symptome, wie spontane Ausschreitungen, Krawalle, ethnische und religiös motivierte Konflikte usw. Die kleinste Auseinandersetzung zwischen wenigen

Menschen reicht schon aus, um Massenschlägereien und Massenunruhen zu provozieren. Ethnische und religiöse Gruppen, die bis vor wenigen Jahren jahrzehntelang friedlich miteinander lebten, können einander plötzlich nicht mehr ausstehen und bekämpfen sich ohne Grund.

Die Wende, die den Sieg des Kapitalismus über den Marxismus markierte, brachte den meisten Menschen in Ländern außerhalb der westlichen Industrienationen in den letzten Jahren große wirtschaftliche Krisen und ihren Bürgern sozialen Abstieg bis zur Verelendung.

POLITIK IN DEUTSCHLAND – DER BESTEHENDE EINFLUSS DER NS-ZEIT UND AUSLÄNDERFEINDLICHKEIT HEUTE

ca. 2002, mit Zusatz 2021

Als jemand, der nicht als Deutscher geboren ist, aber seit 1958 ununterbrochen im Westteil Berlins lebt, meine ich die Ost-West-Konfrontation auf deutschem Boden sowohl mit der nötigen Distanz als auch aus nächster Nähe beobachtet zu haben. Ich habe sowohl den Bau der Mauer zur Ulbrichtzeit als auch deren Fall zur Honeckerzeit erlebt. Die Entwicklung des deutschen Vereinigungsprozesses danach habe ich aufmerksam verfolgt und analysiert.

Meine Kernmeinung ist wie folgt:

Warum benutzte die Deutsche Demokratische Republik das Kürzel DDR? Damit ein Analogon zur Bezeichnung des großen Bruderlandes im Osten entstehen konnte, das Wort ‚Deutsch' wurde dadurch nur verschluckt und nicht ausgesprochen. Denn auch Moskau benannte seinen eigenen Staat UdSSR oder SU (Sowjetunion). Ulbricht war anpassungsfähig.

Die NSDAP und Hitler hatten in den dreißiger Jahren Hindenburg und die Weimarer Republik erfolgreich direkt und indirekt entmachtet und als Führung ersetzt. Dadurch entstanden auf dem Festland Europa zwei Diktaturen nebeneinander, die strukturell gleich geartet waren, nur ideologisch von der Farbe her verschieden: das NS Regime und das kommunistische Sowjetsystem.

Zwar verschwand vor mehr als 10 Jahren ein "souveräner Staat" mit einer Bevölkerung von 17 Millionen formal von der politischen Bildfläche, was in der Nachkriegswelt ein Unikum war, dafür fielen dessen Bürger in die Umarmung eines starken und verwandten Nachbarstaates. Nirgendwo auf der Welt hat es in der Nachkriegszeit Menschen gegeben, die nach einem Umbruch so gut davongekommen waren wie die meisten der früheren Staatsbürger dieses verschwundenen Staates, der sich am liebsten mit dem Kürzel "DDR" bezeichnete.

Nach der Wiedervereinigung beider deutscher Staaten verdreifachten sich die Renten innerhalb der darauffolgenden 10 Jahre. Nun musste man nicht mehr 10 oder mehr Jahre auf einen Trabi warten; wer wollte, konnte sich ein oder mehr Autos leisten. In Punkto Reisen standen die neuen Bundesbürger den Brüdern und Schwestern aus den alten Bundesländern in nichts nach, auch wenn manche älteren Bürger sich nur geborgen fühlten, wenn sie ihre Reise gemeinsam mit der Volkssolidarität antraten. Die "blühenden Landschaften" waren für die überwiegende Mehrheit der Ostdeutschen Wirklichkeit geworden, besonders im Häusle-Bauen und in der Infrastruktur. Überall in den neuen Bundesländern sah man sanierte oder neue Häuser, besonders Einfamilienhäuser. Fast alle alten Häuser hatten zumindest neue Dächer und Fassadenanstriche bekommen. Die Infrastruktur wurde umfassend ausgebaut. Jede Familie hatte nun ihren eigenen Telefonanschluss, viele leisteten sich zusätzlich noch ein Handy. Die Autobahnen und andere Verkehrsverbindungen wurden auf den neuesten technischen Stand gebracht. Neue Klärwerke, Sporthallen, Hallenbäder und andere Freizeiteinrichtungen konnte sich nun jede Kommune leisten. Das Wohlstandsgefälle zu den alten Bundesländern war kaum mehr vorhanden.

Im gleichen Zeitraum rutschten Millionen von Menschen in den früheren sozialistischen Bruderländern der ehemaligen DDR in das wirtschaftlichen Elend, ohne die Möglichkeit zu haben, kurz- oder mittelfristig den Anschluss an den westlichen Wohlstand zu erreichen. Dank des jährlichen 150 Milliarden Mark Solidaritätstransfers wurden die Wohlstandsanpassung und das Erreichen des heutigen Lebensstandards der Bürger der ehemaligen DDR in den letzten 10 Jahren versüßt und beschleunigt, wofür die Bürger der Bundesrepublik Deutschland und West-Berlins damals vierzig Jahre und mehr brauchten. Der zunehmende Wohlstand der Bürger in den neuen Bundesländern war auffällig und für jeden sichtbar.

Deshalb ist die Bevölkerung der neuen Bundesländer m.E. absolut die Volksgruppe dieser Welt, die sich am glücklichsten schätzen kann. Dazu möchte ich ihnen herzlich gratulieren. Stolz oder sogar übermütig zu sein, dafür haben sie jedoch keinen Grund, sondern froh darüber und dankbar sollten sie sein. Denn, wenn es den Westen und die Bundesrepublik Deutschland nicht gäbe, hätten sie das Schicksal der osteuropäischen Völker teilen müssen.

Vor dem Fall der Mauer hatte ich in der Bundesrepublik Deutschland einschließlich West-Berlins kaum Ausländerfeindlichkeit oder Rassismus wahrgenommen. Die Voreingenommenheit der DDR-Uniformierten erfuhr ich jedoch öfter, meist auf der Transitstrecke von Berlin nach West-Deutschland und umgekehrt. Nach dem Fall der Mauer gab es zwar keine Transitstrecken mehr, dafür nahm die Ausländerfeindlichkeit in den neuen Bundesländern merklich zu.

Nach meiner Beobachtung spiegelt diese weitverbreitete rechtsradikale und ausländerfeindliche Gesinnung der Jugend in den neuen Bundesländern nur das latente Ergebnis des 40-jährigen DDR-Systems wider, das faktisch nur eine Verlängerung des Hitlerreiches in politisch farbveränderter Form darstellte. Während im Westen Deutschlands (einschließlich West-

Berlins) nach dem Zusammenbruch des Hitler-Reiches die Saat des liberalen, demokratischen und multikulturellen Denkens durch die Westalliierten gesät wurde und weitestgehend aufgegangen war, wurde von den Sowjets die DDR geschaffen, in der nur die Farbe der braunen Nazi-Ideologie auf rot umgeschaltet worden war. Aus der NSDAP wurde die KPD, aus den Ermächtigungsgesetz-Parteien des NS-Regimes wurden die SED und die zwangsvereinigten "Blockflötenparteien", aus der HJ wurde die FDJ, aus der Gestapo wurde das MfS usw. Bis 1989 zeigte das gesamte Staatssystem der DDR große Parallelen zu dem des NS-Regimes.
Während die materielle bzw. die Wohlstands-Anpassung an die Verhältnisse der alten Bundesländer rückblickend gesehen sehr schnell gegangen war, weist die Anpassung an die ideellen Werte des Westens noch viele Defizite auf. Damit meine ich die Ausländerfeindlichkeit und die rechtsradikale Gesinnung, besonders unter der Jugend, im Osten Deutschlands. Kaum ein Tag vergeht, ohne dass irgendwo in Mecklenburg-Vorpommern, Brandenburg, Sachsen-Anhalt, Thüringen oder Sachsen ein Ausländer oder nicht-weißer Mensch von rechtsradikalen Jugendlichen und Erwachsenen angepöbelt, beschimpft, bedrängt, verletzt oder zusammengeschlagen, ja sogar getötet wird, und Asylantenwohnheime in Brand gesteckt werden. Während Ausländer in der Bundesrepublik Deutschland besser integriert wurden und die Bevölkerung die Gelegenheit hatte, sich an das multikulturelle Leben der Gesellschaft zu gewöhnen und daran mitzuwirken, wurden Ausländer in der DDR stets isoliert untergebracht, um sie hundertprozentig unter Kontrolle zu halten und bei Bedarf für politische Propagandazwecke leichter ausnutzen zu können (vergleiche Türken in der "BRD" und Vietnamesen in der DDR).

Deutschtum spielte in der Erziehung der DDR-Menschen schon immer eine größere Rolle als in der weltoffeneren Bundesrepublik Deutschland, und zwar im Sinne des "besseren Menschen", eines sozialistischen und marxistisch-leninistischen deutschen Menschen. Auch gegenüber den sozialistischen Brüdern und Schwestern des osteuropäischen Bündnisses fühlten sich die DDR-Menschen schon immer überlegen. Über vierzig Jahre lang wirkte diese SED-Indoktrination auf die DDR-Menschen ein. Hitler und die NSDAP hatten dazu nur zwölf Jahre (von 1933 bis 1945) Zeit gehabt. Trotz der liberalen und demokratischen Erziehung der Bürger der alten Bundesländer haben die Nazis bei manchen bis heute noch bleibende Spuren ihrer Gesinnung hinterlassen. Insoweit könnte man dieses Phänomen zwar einigermaßen nachvollziehen, teilen oder akzeptieren kann man es als zivilisierter Mensch und Bürger eines demokratischen Staates nicht.
Die Jugend drückt eigentlich nur die Anspruchshaltung aus, die sie von ihrem Elternhaus aus kennt, und wie sie ihnen anerzogen wurde. Die Eltern der Jugendlichen in den neuen Bundesländern sind wiederum das reine Ergebnis der vierzigjährigen Indoktrinationen des verschwundenen SED-Staates.
Für manche Erwachsenen, die sich in ihrem ruhigen sozialistischen Dasein und ihrer Existenz durch den Wechsel in die Marktwirtschaft bedroht fühlten, brachte der Umbruch nur Unsicherheit und Frustration. Genährt u.a. durch die Perspektivlosigkeit wegen der hohen Arbeitslosigkeit als Folge der zusammengebrochenen Planwirtschaft und der Orientierungslosigkeit in der neuen freien Marktwirtschaft, suchten sie sich ein entsprechendes Feindbild. Da die vermeintliche "Einverleibung" der DDR durch die "BRD" nicht nur Aufbaugelder, sondern auch eine multikulturelle Gesellschaft in die bis dahin

weitestgehend "ethnisch reine" DDR-Gesellschaft mitbrachte, reagieren sie ihre Frustration bei Minoritäten ab: den Ausländern und den anders aussehenden Menschen. Diese Frustration der Erwachsenen wird auf ihre Kinder projiziert und übertragen. Es ist somit nicht verwunderlich, dass beispielsweise bei dem Anschlag auf das Asylbewerberheim in Hoyerswerda durch einen jugendlichen Mob die Erwachsenen daneben standen und auch noch jubelten. Bekämen sie die Staatsmacht, erhielten nicht nur die Prügel, die anders als diese Menschen aussehen, sondern auch die, die anders denken.
So war auch die Situation am Anfang der Nazi-Herrschaft in Deutschland der dreißiger Jahre. Dies gilt es zu vermeiden; es ist eine schwere immaterielle Hypothek, die Deutschland 1989 mit übernommen hat. Sie ist von den hiesigen Politikern zu tilgen. Die materielle Hypothek kann man mit jährlichen Milliarden Soli-Transfers mittelfristig tilgen, für die Tilgung der immateriellen Altlasten der DDR jedoch wird Deutschland noch eine Generation brauchen. Zu den Tilgungsmaßnahmen dieser Altlasten gehört m.E. die Angleichung der Ausländerdichte in den neuen Bundesländern an deren Dichte in den alten Bundesländern. Um den Gewöhnungsprozess beschleunigen zu können, sollte sogar eine größere Dichte in den neuen Bundesländern kurzfristig angestrebt werden. Natürlich muss dabei die Sicherheit der in den neuen Ländern lebenden Ausländer vom Staat gewährleistet werden. Hier muss der demokratische Staat Bundesrepublik Deutschland Flagge zeigen.
Die deutschen Bundestagsparteien CDU/CSU, SPD, FDP und die Grünen haben in der Geschichte der Bundesrepublik Deutschland viel dazu beigetragen, dass der Rechtsextremismus und die Ausländerfeindlichkeit in den alten Bundesländern minimiert werden, obwohl subkutane Ausländerfeind-

lichkeit auch dort noch wahrnehmbar sind. Die PDS[7] könnte den Deutschen in Ost und West beweisen, dass sie keine rückwärtsgewandte Partei, sondern eine, die den anderen Bundestagsparteien gleichwertig und ebenbürtig ist, d.h. eine zukunftsorientierte demokratische Politik betreibt. Sie sollte sich dieses Problems annehmen und entschiedener zur Tilgung dieser SED-Hypothek beitragen, denn ihre Klientel stammt mehrheitlich aus der Elterngeneration der heutigen Jugend in den neuen Bundesländern. Ein positiver Beitrag der PDS in dieser Angelegenheit würde ihre Akzeptanz auch bei den Wählern in den alten Bundesländern erhöhen.

ZUSATZ 2021:

Heute hilft m.E. Die Linke dem Entstehen und der Verbreitung von rechter Gesinnung wie der AfD und anderer gleichgesinnter Gruppen. Als Nachfolge-Partei der SED hat sich Die Linke m.E. an dem Entstehen, der Verbreitung und Stärkung der AfD mitschuldig gemacht.

Bei dem Kampf gegen Gewalt und Rechtsextremismus spielen die Pressemedien eine große Rolle. Deshalb sollte die Berichterstattung sensibler sein, besonders bei der Wortwahl. Ein Mensch, der seit zig Jahren in Deutschland lebt und die deutsche Staatsbürgerschaft besitzt, wie der 2000 in Dessau ermordete Alberto Adriano beispielsweise, sollte nicht als Ausländer oder Mosambikaner bezeichnet werden, denn er war Deutscher, ein Dessauer Bürger mosambikanischer Abstammung.

---

[7] Partei des Demokratischen Sozialismus.

Die Mitbürgerschaft, d.h. die Gemeinsamkeit mit den Lesern und Zuhörern sollte man betonen, und nicht das Ausländer-Sein bzw. das 'Anders'-Sein des Menschen hervorheben. Da die Presse und Medien erzieherischer wirken als Politiker, sollten sie sich ihrer Verantwortung bewusst sein und sich entsprechend beispielhaft verhalten, da dies das Verhalten der deutschen Bürger beeinflusst.

Obwohl ich persönlich im Laufe meines über sechzigjährigen Lebens in Deutschland bzw. Berlin kaum nennenswerte schlechte Erfahrungen als Nichtweißhäutiger gemacht habe, gab es doch einige kleine Vorkommnisse dieser Art:

Als ich bei meinem Arbeitgeber, der BEWAG, gute Arbeit machte und erfolgreich war, gab es einen Leiter der Betriebsstelle Fuhrpark, der zwar freundlich und humorvoll war, aber seine Missgunst mir gegenüber nicht verbergen wollte. Er sagte oft, wenn er mich sah, „Schau mal, da kommt der Mann, der vor kurzem noch von Baum zu Baum hangelte, und nun ist er Betriebsrat ...". Solche und ähnliche Sticheleien machte er überall und in Anwesenheit von Mitarbeitern und Vorgesetzten, bis ich davon die Nase voll hatte. Ich beschwerte mich beim Personalvorstand der Bewag, und bat ihn, dem pöbelnden Fuhrparkleiter auf die Finger zu klopfen. Das geschah auch. Zehn Tage später besuchte der Mann mich in meinem Zimmer, entschuldigte sich mündlich und übergab mir auch sein schriftliches Bedauern. Wir gingen danach weiter freundlich und normal miteinander um. Was er in meiner Abwesenheit bzw. hinter meinem Rücken machte, interessierte mich nicht.

Zuletzt wurde ich von einem Polizei-Streifenwagen gestoppt, weil ich abends ohne Licht fuhr. Der junge Polizist sprach mich an: „Ist es in Deiner Heimat üblich, dass man nachts ohne Licht

Auto fährt?" Da gab ich ihm meinen Personalausweis und meinen Führerschein und fragte zurück: "Was stellen Sie mir denn für eine blöde Frage?! Lesen Sie bitte meine Papiere. Ich bin deutscher Staatsbürger, meinen Führerschein habe ich seit 1960, daran sehen sie doch, dass Berlin meine Heimat ist. Ich lebe weit länger in Berlin, als Sie auf der Welt sind."
Daraufhin sagte er, „Bitte schalten Sie Ihre Lichter an und fahren Sie weiter." Er duzte mich nicht mehr und kassierte auch kein Bußgeld.
Trotz der verhältnismäßig wenigen ausländerfeindlichen Vorfälle mir gegenüber stellte ich doch eine latente Fremdenfeindlichkeit unter den Deutschen fest, die in den letzten Jahren durch rechtsradikale Gruppen und die AfD verstärkt wurden.
Hitler wollte die Welt mit seinen 'Ariern' besiegen und beherrschen, Stalin mit seinen stalinistischen Sozialisten, und wenn Trump an der Macht geblieben wäre, würde er demnächst mit seiner "America-First"-Politik ein Analogon zu Hitler und Stalin bilden.
Dass auch die Bundesrepublik Deutschland keinesfalls saubere Hände hat, ist in dem Artikel von Jonas Mueller-Töwe vom 27.10.2017 (Quelle: t-online.de) **„Blutiger Putsch wohl von Deutschland gedeckt"** zu lesen. Anscheinend war die Bundesregierung, anders als vorgegeben, an einem der größten Menschheitsverbrechen des letzten Jahrhunderts beteiligt gewesen: Die deutsche Botschaft in Indonesien wusste im Jahr 1965 vorab vom geplanten Militärputsch, in dessen Zuge die Junta um General Suharto mindestens eine halbe Million Menschen ermordete. Das geht aus einem ehemals geheimen Dokument der US-amerikanischen Auslandsvertretung hervor. Auch geduldete Waffengeschäfte z.B. von Rheinstahl in den

Nahen Osten und überall in der Welt zeugen nicht gerade von der friedlichen Politik Deutschlands.

Die Auslandspolitik der Bundesregierung empfinde ich oft als heuchlerisch. Man spricht zwar gern von Demokratie und Förderung der Demokratie im Ausland, man tut aber in der Praxis das Gegenteil: Förderung und Geschäfte mit undemokratischen Machthabern wie damals mit Suharto und Pinochet und jetzt noch mit Saudi-Arabien, Ägypten, den Emiraten und noch vielen anderen diktatorisch regierten Ländern. Ich würde mich nicht wundern, wenn in nicht allzu langer Zeit die Bundesrepublik Deutschland die vom Militär entmachtete Nobelpreisträgerin Aung San Suu Kyi einfach fallen lässt und mit dem Militär Waffengeschäfte macht, so wie auch mit anderen diktatorial regierten Ländern außerhalb Europas.

PHILOSOPHIE

DAS LEBEN UND SEIN ENTFALTUNGSRAUM

Das Leben hat seinen Anfang und sein Ende. Dies ist ein Binsenweisheit. Allerdings hängt diese Betrachtung natürlich davon ab, was man unter Leben versteht: Ich meine damit das Volumen des irdischen Menschen-Daseins in der Zeitspanne zwischen dem Anfang der Existenz im Mutterleib bis zum Ende des irdischen Lebens, dem Tod. Es ist also nicht vergleichbar mit dem Begriff 'Leben' im religiösen oder rein biologischen Sinne.

Versuchen wir einmal, den Raum jedes einzelnen Lebens von Anfang an bis zum Tod von außen zu betrachten. Nicht nur der Anfang und das Ende unseres Lebens sind vorbestimmt, sondern auch die Grenzen bzw. die äußere Hülle unseres Lebens, oder besser gesagt unseres Lebensentfaltungsraumes. Nennen wir dieses lange Wort einfachheitshalber LER.

Auf mathematischer Ebene kann man sich das so vorstellen:

Die Achse des LER ist die Gerade, die den Anfangspunkt unseres Lebens mit dem Endpunkt verbindet. Diese Gerade ist die Zeitachse unseres Lebens.

Der Mensch kommt zur Welt als ein Keim, der Lebensenergie und bestimmte Grundeigenschaften enthält. Der Keim bewegt sich zwar im Verhältnis zu dieser Zeitachse senkrecht, aber er entwickelt sich unter ständigem Einfluss seines Umfeldes weiter. Es gibt drei Faktoren bzw. Einflussgrößen, die das menschliche Verhalten gemeinsam oder auch einzeln steuern: **Instinkt**, **Emotion** und **Ratio**. Wie sich der Keim entwickelt,

hängt vom Zusammenspiel dieser Faktoren ab, die aufeinander aufbauen.
Die erste Einflussgröße, der ***Instinkt***, dient dazu, dem Lebewesen beim Überleben zu helfen. Ich definiere ihn als das spontane Handeln eines menschlichen Wesens, nur zum Zweck des Überlebens, solange das Ende seines Lebens noch nicht bestimmt ist.
Die zweite Einflussgröße ist die ***Emotion***, die dem Lebewesen, insbesondere dem Menschen zusammen mit dem Instinkt mitgegeben ist. Die Emotion wächst mit dem Heranwachsen des Menschen und drängt in einem normal verlaufenden Leben den Instinkt mit der Zeit in den Hintergrund.
Die dritte Einflussgröße ist die ***Ratio***, die Logik, die sich ab dem Kindesalter entwickelt und das Tun und Denken des Menschen beeinflusst, je nachdem, wie sein Umfeld und seine angeborenen Kerneigenschaften beschaffen sind.
Alle drei Einflussgrößen des Menschen befinden sich ständig in Interaktion, d.h. ihr jeweiliger Anteil an der Beeinflussung des Menschen ist variabel und ihre Zusammensetzung oder Struktur verändert sich von Fall zu Fall, je nachdem, welche Rahmenbedingungen vorhanden sind bzw. in welchem Umfeld sich der Mensch gerade befindet.
Nennen wir verkürzt das menschliche Verhalten M, den Instinkt I, die Emotion E und die Ratio R, dann ist kurz formuliert:

$$M = M(I,E,R)$$

d.h.: Das menschliche Verhalten ist eine Funktion von Instinkt, Emotion und Ratio des Einzelnen.

Alle Raumelemente quer zur Zeitachse wiederum haben ihre Grenzen in der imaginären Hülle des LER. Diese Hülle ist elastisch, kann somit ausgedehnt werden und hat trotzdem seine imaginären Grenzen darin, wo der Schöpfer uns Grenzen gesetzt hat. Erreicht der Mensch bei der Entfaltung besonders der Ratio, aber auch der Emotion, diese Grenze, erfährt er für ihn Unerklärliches, welches er zum Schluss Zufall oder Schicksal nennt.

Unser Leben bewegt sich jedoch nicht immer in räumlichen Grenzen. Es hängt von unseren Lebensvektoren[8] ab, wie weit, in welche Richtung und bis wohin wir uns im Leben bewegen. Unser Leben bewegt sich innerhalb des LER, wo eine neutrale Atmosphäre herrscht, d.h. die Förder- und die Störkräfte für das entfaltende Leben befinden sich im Gleichgewicht.

---

[8] Ein Vektor ist eine mathematische Größe, die durch einen Pfeil dargestellt wird und durch Angriffspunkt, Richtung und Wert gekennzeichnet ist.

SEELE & VORSTELLUNGSVERMÖGEN

Aber was macht eigentlich den Menschen aus? Der Mensch besteht aus einer Hüllenkonstruktion mit zusammenhängenden physikalischen Elementen, die das Funktionieren des Körpers Zeit seines Lebens ermöglichen, und der Seele. Der Mensch wiederum ist ein irdisches Wesen, das den zwei Hauptmerkmalen dieser Erde, nämlich Zeit und Raum, ständig unterliegt. Indem sich unser Sonnensystem stets bewegt und unsere Erde sich darin um ihre Achse dreht und gleichzeitig die Sonne umrundet, verändert sich alles auf der Erdoberfläche auch räumlich. Alle Lebewesen auf dieser Erde werden somit ständig dieser Bewegung ausgesetzt, obwohl wir sie nicht immer bewusst wahrnehmen. Bewegung heißt schlicht Veränderung, sowohl zeitlich als auch räumlich. Deshalb ist dies ein unbewusstes Hauptbedürfnis eines jeden Lebewesens auf Erden.

Egal, in welchem Zustand sich der Mensch befindet, so lange er noch lebt, braucht er instinktiv stets Veränderung. Wie sich dies äußert ist abhängig davon, welche (Grund)bedürfnisse in jenem Moment gedeckt sind - in Notsituationen lässt man sich eher von seinem Instinkt leiten; wenn alle Bedürfnisse weitestgehend gedeckt sind, agiert man eher basierend auf der Ratio.

Emotion, Ratio und Instinkt sind die drei Grundelemente der menschlichen Seele bzw. des menschlichen Wesens. Wir Menschen haben die Gabe des Denkens von der Natur bzw. von unserem Schöpfer mit auf unseren Lebensweg bekommen. Unser Denkvermögen ermöglicht es uns, ungeahnte schöpferische Leistungen zu vollbringen. Zum Denkvermögen gehört das Vorstellungsvermögen.

Als Vorstellungsvermögen definiere ich die Fähigkeit, sowohl konkret als auch abstrakt zu denken, welche von allen Lebewesen auf dieser Erde nur der Mensch besitzt. Dieses Vermögen entwickelt sich erst im Laufe des Lebens; beim einen mehr, beim anderen weniger. Es ist ein momentanes Ergebnis der drei vorgenannten Faktoren, am meisten jedoch von der Ratio bestimmt.

Um sein Vorstellungsvermögen zum Ausdruck bringen zu können, braucht der Mensch ein Mittel bzw. ein Werkzeug. Die Sprache ist das Instrument zur Übermittlung menschlicher Vorstellungskraft. Aus Vorstellungsvermögen und Übermittlungsinstrument ergibt sich die menschliche Interpretationsbegabung.

Der Mensch ist ein Teil der Welt in einem unendlichen Weltraum. Unendlichkeit ist etwas Abstraktes, weil wir es als endliche Lebewesen nicht fassen können.

Die Sonne, die Quelle des Lichtes und der Energie, ist unsere absolute Energiequelle, denn ohne sie gäbe es kein Leben; eine Tatsache, die uns allen bekannt ist. Licht und Schatten sind uns ebenso bekannte Begriffe wie plus und minus oder gut und schlecht, also Beurteilungsbegriffe. Unsere Erde ist rund, bzw. kugelförmig. Durch die Sonne hat die Erde stets eine Schatten- und eine Lichtseite. Die Erde ist eine *konkrete* Kugel.

Die Welt, die ich meine, ist im Gegensatz dazu eine *abstrakte* Kugel, die wiederum aus unzähligen ebenso abstrakten Kugeln besteht. 'Die Welt' bezieht sich hiermit auf das unmittelbare Umfeld des Menschen, sowohl konkret als auch abstrakt: Jede örtliche und zeitliche Veränderung des Menschen wirkt sich auch auf sein physisches Umfeld aus, aber auch eine gedankliche Veränderung kann eine Auswirkung auf geistiger Ebene haben.

Die verschiedenen Welten in uns sind in ständiger Bewegung und trotzdem befinden sie sich bei den meisten erwachsenen Menschen stets im Gleichgewicht zueinander. Dies ist eine Interpretation des chinesischen Begriffes Yin und Yang. Auf Deutsch könnte man sagen, das Leben hat immer seine zwei Seiten: Das Leben ist immer relativ.

Gleichgewicht trägt zur Ruhe bei, Ungleichgewicht zur Unruhe. Aber nicht alle Unruhen sind negativer Natur, je nachdem, welche Kraft größer ist als die andere. Bei einem nicht ausgewogenen Menschen, z.B. bei einem kranken Menschen, ist an irgendeiner Stelle des LER ein Ungleichgewicht entstanden, weil die negativen Kräfte größer als die positiven Kräfte sind. Diese können geistiger, seelischer, oder physischer Natur sein.

Die Vorstellungskraft der Menschen hat sich im Laufe der Jahrtausende stark entwickelt, wodurch sich die Welt bis zum heutigen Tag stets verändert bzw. im Sinne der jeweiligen Epoche fortentwickelt.

In dieser Hinsicht unterscheiden wir uns von Tieren. Tiere haben einen Instinkt, aber die meisten von ihnen haben auch eine Emotion. Niedrig entwickelte Tierarten haben nur den Instinkt, Reflexe stellen den Ausdruck ihrer einfachsten Emotion dar. Höher entwickelte Tiere, z.B. Säugetiere, haben sowohl Instinkt als auch Emotion. Nur der Mensch hat zusätzlich noch die Ratio.

Nennen wir das auf reinem Instinkt beruhende Leben ein eindimensionales (1DL) und das auf Instinkt und auf Emotion beruhende Leben ein zweidimensionales Leben (2DL), dann ist unser Leben als Mensch in dieser Hinsicht ein dreidimensionales Leben (3DL). Ein Säugetier ist im allgemeinen ein 2DL-Lebewesen, das seine Handlungen im Laufe seines Lebens ständig durch Instinkt und durch von seiner Umwelt beeinflusste

Emotionen leiten lässt. Eine Kuh frisst instinktiv ihr Futter, weil sie Hunger hat, und hört damit auf, weil sie satt geworden ist. Erfährt sie emotionale Störungen, z.B durch allerlei physische Belastungen (Hitze, Kälte usw.), setzt sie schlechter Fleisch an. In Massenstallungen gehaltene Tiere nehmen zwar durch die quantitativ und qualitativ regelmäßig hoch gehaltene Fütterung zu, aber ihr Fleisch soll nicht so hochwertig sein wie das der im Freien gehaltenen Artgenossen, bei gleicher Qualität und Quantität der Fütterung. Das 1DL und 2DL sind ausschließlich physischen Umwelteinwirkungen ausgesetzt.
Im Gegensatz dazu sind wir Menschen, mit unserem 3DL, zusätzlich für metaphysische Einflüsse empfänglich. Der metaphysische Empfänger in uns ist die Seele, welche qualitativ alle drei Größen in sich verbirgt.
Diese Zusammensetzung von Instinkt, Emotion und Ratio birgt einen Widerspruch in sich. Eine Kombination von zwei der drei Größen schaltet normalerweise die Dritte fast aus (Instinkt+Emotion schalten die Ratio aus , Emotion+Ratio den Instinkt und Ratio+Instinkt die Emotion weitestgehend). Die quantitative Zusammensetzung der Seele ist fast nie konstant; sie hängt eben von der "seelischen Verfassung" des einzelnen Menschen ab. Der jeweilige momentane Raum, der aus den drei Vektoren Instinkt, Emotion und Ratio gebildet ist, stellt die Verfassung der Seele dar. Da der Vektor Instinkt nur eine Richtung (von Geburt in Richtung Tod) hat, ist die seelische Verfassung eines Menschen nur von den Richtungen der beiden anderen Vektoren (Ratio und Emotion) bestimmt. So wie die Erde ihre Licht- und Schattenseite hat, so bewegt sich unsere Seele mal auf der hellen (positiven), mal auf der dunklen (negativen) Seite des Lebens.

Die Spannung, die aus den einander widersprechenden Hauptelementen unserer Seele resultiert, ist die Quelle unserer Lebenskraft.

GEDANKEN ZUM KONZEPT ZEIT

Was ist eigentlich Zeit und was bedeutet sie für uns Menschen? Im Mutterleib empfindet das ungeborene Menschenkind die Zeit als unendlich; sein Zeitempfinden ist unendlich groß. Nach der Geburt verbringt das Baby den größten Teil des Tages schlafend, die Wahrnehmung des Tag- und Nachtrhythmus wird erst nach und nach ausgeprägter.
Die Zeit, die wir Erwachsenen empfinden, ist von der Umdrehung unseres Planeten Erde um seine eigene Achse beim Umrunden unserer Sonne bestimmt. Das Konzept der Zeit ist m.E. nur eine Einbildung, und zwar die Einbildung des Menschen über den jeweiligen Streckenabschnitt innerhalb seines Weges zwischen Geburt und Tod. Unsere Wahrnehmung bezieht sich immer auf die Gegenwart. Mit unserem rationellen Vermögen haben wir den Tag in 24 Stunden bzw. 1440 Minuten oder 86 400 Sekunden aufgeteilt. Die Vergangenheit ist unsere Erinnerung und die Zukunft ist unsere Vorstellung. Alle Dinge geschehen in der Gegenwart. Auch die Dinge der Vergangenheit waren Gegenwart, als sie geschahen. Jetzt existiert nur noch eine Erinnerung an die vergangenen Ereignisse. Das Erinnern selbst aber ist wieder ein Ereignis im Jetzt.
Deshalb sind Gespräche über die Vergangenheit oft fruchtlos. Man kann sich nicht einigen, wie die Vergangenheit wirklich war - einfach, weil es die Vergangenheit nicht gibt. Es gibt nur eine Erinnerung an die Vergangenheit - und diese Erinnerung kann bei unterschiedlichen Menschen sehr verschieden sein.
Dasselbe gilt für die Zukunft. Zukunft existiert nur in Form von Vorstellungen, Planungen und Projektionen. Jedes Vorstellen und Planen geschieht aber im Jetzt. Die Zukunft ist so lan-

ge unwirklich, bis sie zur Gegenwart geworden ist. Bis dahin ist nur das Planen wirklich.
Schaut man sich unter diesem Blickwinkel das Jetzt an, so begreift man plötzlich: Das Jetzt ist das Einzige, was wirklich existiert.
Hat man das verstanden, beginnt das Leben sich grundlegend zu verändern. Man spürt die Kraft des Jetzt, und es beginnt eine Transformation. Im Jetzt lösen sich alle Probleme auf, das Leiden verschwindet. Man beginnt, das Geheimnis des Buddha zu erahnen: Nichts ist wirklich schlecht; schlecht wird es erst durch die eigenen Gedanken.
Sorgen und Probleme sind Nebenprodukte unseres Verstandes (der Ratio), der sich ständig mit einer irgendwie gearteten "Zukunft" beschäftigt. Erst wenn der Verstand aufhört, Zukunftsprojektionen zu spinnen, bemerkt man, wie auch die Sorgen verschwinden. Es gibt keine andere Zeit außer diesem Augenblick. Oder, in der knappen Sprache des Zen formuliert: Wenn nicht jetzt, wann dann?

Hat man wirklich begriffen, dass es keine Zukunft gibt, sondern nur Gedanken über die Zukunft, werden Sorgen zu dunklen Fantasiegebilden, über die man auch lachen kann. Sie verändern die Zukunft nicht, belasten aber die Gegenwart. Ein sorgenvoller Mensch verpasst die Schönheit des jetzigen Moments - und auch die Chancen, die in ihm liegen. "Sorgen sind ein Missbrauch der Fantasie", so lautet ein indisches Sprichwort.
Weil wir erwachsenen Menschen sowohl mit Ratio als auch Emotion ausgestattet sind, können wir die Zeit ebenso rational oder emotional betrachten. So auch den Begriff Jetzt. Was aber ist das Jetzt, rationell gesehen? Die Stunde ist ein Bruchteil des

Tages, und das Jetzt ist der kleinste Bruchteil der Gegenwart, würde ich sagen. Wie groß ist das Jetzt? Eine Sekunde ist noch zu lang, um die Gegenwart bzw. das Jetzt zu definieren, denn die Zeit bewegt sich ständig weiter.

"Das Jetzt dauert dreißig Millisekunden", behauptet der Münchner Neurobiologe Ernst Pöppel. Er hat sich viele Jahre mit dem Zeitempfinden der Menschen beschäftigt. Nach seinen Erkenntnissen ist unser ganzes Gehirn einem Dreißig-Millisekunden-Rhythmus unterworfen. Dreißig Millisekunden braucht es, um zwei optische Reize voneinander zu unterscheiden. Dreißig Millisekunden Abstand müssen auch zwei akustische Reize haben, ehe wir ihre Reihenfolge richtig erkennen können. Spielt man dem Gehirn einen Ton vor, so beginnen die Gehirnströme zu oszillieren – mit einer Periode von dreißig Millisekunden.

Mithilfe solcher Oszillationen, so vermutet Gehirnforscher Pöppel, schafft unser Gehirn Systemzustände, innerhalb derer Informationen als gleichzeitig behandelt werden. Während eines Dreißig-Millisekunden-Intervalls gibt es kein Vorher oder Nachher: Es sind Phasen von Zeitlosigkeit. "Die Zeit fließt nicht, sie stößt sich voran", sagt Pöppel. Das Jetzt wird von unserem Gehirn aktiv konstruiert.

Ich nenne dies den wissenschaftlichen Zeitpunkt, der zwar von technologisch hochwertigen Messinstrumenten zu messen und zu ergründen ist, aber vom menschlichen Bewusstsein nicht zu erfassen bzw. zu empfinden ist. Zeit ist also eine Aneinanderreihung von Zeitpunkten.

Das sind alles rationelle Zeitbetrachtungen über das Jetzt. Aber der Mensch hat nicht nur Ratio, sondern auch Instinkt und Emotion. Unbewusst wird der Mensch in seinem täglichen Leben sogar mehr von Instinkt und Emotionen be-

herrscht als durch seine Ratio bzw. Vernunft. Das gilt auch bei dem Umgang mit der Zeit.
Im Alltag ist Zeit eine Empfindungsgröße. Je nachdem, wie die Verfassung des betreffenden Menschen ist, empfindet man sie verschieden.
"Ach, wie langweilig, die Zeit vergeht ja überhaupt nicht." Solche Äußerungen hört man, wenn jemand voller Ungeduld auf etwas wartet. Das Gegenteil davon ist z.B.: "Ach, wie die Zeit vergeht, wo ist sie nur geblieben!" Dabei vergeht die Zeit - ein Begriff, den der Mensch selbst geschaffen hat - weder schneller noch langsamer als sonst, denn die Zeit ist seit Millionen von Jahren die Zeitspanne der Bewegung unseres Planeten Erde um die Sonne. Diese Bewegung ist von jeher konstant und dauert einen Tag bzw. 24 Stunden.
Beide Äußerungen sind subjektive Zeitempfindungen, beide abhängig von der jeweiligen Betrachtung bzw. Erwartung des einzelnen Menschen. Der Mensch hat aus den Zeitspannen der irdischen Umdrehungen um die Sonne absolute Maßstäbe für seine Zeitempfindungen gemacht: Sekunden, Minuten, Stunden, Tage, Wochen, Monate, Jahre.
Was bedeutet Zeitempfindung? Es handelt sich um die Spanne zwischen Ereignissen, so empfinden es zumindest die meisten Menschen. Sind die Ereignisse schnell aufeinander folgend, dann empfindet man die Zeit als kurz. Umgekehrt empfindet man die Zeit als lang, wenn sich nichts ereignet. Hat man ereignisvolle Tage im Urlaub, dann vergeht die Zeit „wie im Fluge". Ereignisarme Tage, die man in einer einsamen Gegend verbringt, empfindet man als langweilig; sie vergehen fast gar nicht.

Zeitempfindungen sind subjektive Zeitwahrnehmungen, die mit Emotionen gemacht werden. Objektive Wahrnehmungen basieren auf rationalem Denken.
Die empfundene Zeit ist auch abhängig davon, inwieweit sich der Mensch unter dem Einfluss der Faktoren Ratio, Emotion und Instinkt gerade befindet. Bei Kindern spielen der Instinkt und die Emotion in ihrem Leben eine größere Rolle als die Ratio, sie empfinden das Jetzt meist länger als ihre Eltern. Das im Alter zunehmende rationelle Bewusstsein ist auch die Ursache, warum ältere Menschen ein kürzeres Zeitempfinden haben als jüngere.
Die Zeitempfindung eines Fötus bis zur Geburt ist unendlich groß (beim Lebensalter=0). Im Gegensatz dazu entwickelt sich die Zeitempfindung eines alten Menschen mit zunehmendem Alter gegen Null. Die Zeitempfindungskurve nähert sich asymptotisch dem Wert Null. In dieser Altersphase verlieren manche Menschen fast ihre Empfindungen (Emotion) und ihren Verstand (Ratio), ihr Leben wird fast nur vom Instinkt geleitet. Diese Phase ist die Demenzphase.

EMOTION, RATIO UND INSTINKT

Meine These ist: Die Summe aus Emotion, Ratio und Instinkt bleibt im Laufe des Lebens konstant. Der Betrag dieser Summe ist bei jedem Menschen verschieden; er ist ihm mitgegeben worden. Die Zusammensetzung dieser Summe verändert sich je nach Momenten, abhängig von der jeweiligen Umgebung und der Zeit bzw. dem Zeitabschnitt seines Lebens. Sie ist auch abhängig von der physischen und psychischen Verfassung des Einzelnen.

Instinkt, Emotion und Ratio sind die drei Vektoren unseres Denkens und unseres Handelns. Nennen wir einfachheitshalber den Raum, der die drei Begriffe als Koordinaten hat, den Handlungsraum (= Lebensenfaltungsraum). Betrachten wir zunächst die drei Koordinaten bzw. die drei Vektoren. Die Koordinate "Zeit", die sich im Leben ständig bewegt und für einen Menschen regelmäßig wächst (Lebensalter), bildet die Achse, in der der Angriffspunkt der drei vorgenannten Vektoren liegt.

Das Vermögen zu handeln wird entweder durch den Instinkt, durch die Emotion oder durch die Ratio beeinflusst, oder durch eine Kombination zweier der drei Einflussgrößen. Welche Kombination zum Tragen kommt, hängt von der jeweiligen Situation ab. Der Faktor Zeit spielt hier eine sehr große Rolle. Seine Ratio zu benutzen, d.h. nachzudenken, kostet am meisten Zeit. Ist man in zeitlicher Bedrängnis, dann handelt man automatisch instinktiv und emotional. Diese Kombination schaltet die Ratio ab.

Ein Beispiel: Entdeckt jemand in seiner Wohnung einen Brandherd, der noch schnell zu löschen ist, nimmt sich der

Mensch Zeit, zu überlegen, wie er die Flamme löschen könnte und womit. Obwohl er durch die Entdeckung der Gefahrensituation emotional berührt ist (erschrocken, Angstgefühl usw.), benutzt er erst seine Ratio, ehe er handelt. Würde derselbe Mensch den Brand viel später entdecken, wenn die Wohnung bereits lichterloh brennt, dann würde seine Ratio automatisch ausgeschaltet werden und sein Handeln nur durch seine Emotion und seinen Instinkt gesteuert - er würde fliehen, um seinem Gefühl der Angst zu folgen und sein Leben zu retten.
Die vorgenannten Beispiele zeigen die Kombinationen von Emotion und Ratio bzw. Emotion und Instinkt als Beweggründe menschlichen Handelns. Ein Beispiel für die dritte Kombination, nämlich eine aus Instinkt und Ratio resultierende Handlung, ist in der Grundlagenforschung oft zu finden: Man forscht und untersucht Probleme seit langem; plötzlich spielt der "Zufall" mit, man entdeckt den Schlüssel zur gesuchten Antwort und schon ist das Forschungsergebnis da, unterbewusst geleitet vom Instinkt. Was man als Zufall bezeichnet, ist weder mit Emotion noch mit Ratio zu begründen.

Von den drei vorgenannten Grundelementen ist vielleicht der Instinkt am schwierigsten zu erklären.
Der Instinkt ist eine Ureigenschaft eines jeden Lebewesens, die sein Überleben ermöglicht und das Element, das einen Menschen zwischen seiner Entstehung und seinem Tod ständig begleitet. Unser Instinkt ist die Quelle unserer Selbsterhaltungskraft. Instinktive Handlungen von Tieren und Menschen sind naturgegebene Aktionen und Reaktionen zum Erhalt ihres Lebens, ohne, dass Emotion oder Ratio eine Rolle spielen. Solange ein Mensch bzw. ein Lebewesen lebt, verliert er seinen Instinkt nie, auch wenn mit zunehmendem Alter oft Emotion

und Ratio in den Vordergrund rücken. Auch ein bewusstloser Mensch atmet instinktiv und seine inneren Organe funktionieren weiter, solange das Ende seines Lebens nicht gekommen ist.

Mathematisch gesehen können Ratio und Emotion sowohl einen positiven als auch einen negativen Wert einnehmen, je nach Verfassung des Menschen. Der Instinkt hingegen hat zwischen der Entstehung des Menschen im Mutterleib bis zum Ende seines Lebens stets einen positiven Wert, der am Lebensanfang unermesslich groß ist und, nachdem der Mensch seinen letzten Atemzug getan hat, bei Null liegt. Der Instinkt ist der Vektor und Motor auf der geraden Achse zwischen Lebensentstehung und Lebensende. Er hat die gleiche Ausrichtung wie die Zeit.

Die allermeisten Tiere werden vom Anfang bis zum Ende ihres Lebens nur von ihrem Instinkt geleitet. Manche Tiere, wie Primaten, werden durch ihren Instinkt und durch den Umstand ihrer Lebensumgebung für unsere Begriffe lernfähig, ohne jedoch denkfähig in menschlichem Sinne zu sein.

Mit zunehmendem Lebensalter verändern sich die Keime der Emotion und der Ratio weiter; sie entwickeln sich verschieden stark fort, je nachdem, wie die Umgebungsfaktoren auf sie einwirken. Je stärker sich besonders die Ratio fortentwickelt, desto größer ist auch das Vorstellungsvermögen des Menschen. Im Laufe der Zeit beeinflussen die Veränderungen der menschlichen Umgebung die Weiterentwicklung der Ratio und der Emotion des Menschen meistens dahingehend, dass der Instinkt von ihnen so überlagert wird, dass er fast nur noch rudimentär vorhanden ist. Die Folge davon ist, dass der Mensch sich einbildet, alles, was sein Leben ausmacht, sei seiner eigenen Leistung zu verdanken. Erst, wenn er auf etwas

ihm Unerklärliches stößt, spricht er abwertend von "Zufall", ohne sich weiterhin mit der Bedeutung dieses Wortes zu befassen.
Würde man sich mit Einbezug der Ratio Gedanken über den Zufall machen, käme man m.E. gar nicht erst zur vorgenannten Hybris. Man würde weniger Stolz in Bezug auf seinen Erfolg oder auf seine Situation, sondern eher ein Gefühl der Dankbarkeit empfinden.
Warum haben es beispielsweise Herr Anton Müller oder Frau Bettina Neumann, als Kinder deutscher Eltern, als Geschäftsmann bzw. Wissenschaftlerin so gut? Sicherlich würden sie sagen: "Weil ich tüchtig bin", oder "Weil ich ein gutes Elternhaus habe." Auf den ersten Blick ist das richtig. Bei näherer Betrachtung erkennt man jedoch, dass es ein Zufall war, dass diese beiden Menschen in Deutschland als deutsche Kinder zur Welt kamen. Denn die Eltern hatten instinktiv miteinander Geschlechtsverkehr; dass dies zur Entstehung eines Kindes führte, war also ein Zufallsprodukt ihrer Instinkthandlung.
Ich würde es so formulieren: Die Eltern sind nur Werkzeuge zur Geburt eines Menschenkindes. Auf die Grundausstattung ihres Kindes haben sie keinerlei Einflussmöglichkeit. Erst nach der Geburt des Kindes begleiten die Eltern das Kind, und zwar als ein wichtiger Teil der Umgebung des Kindes. Diese verändert sich laufend und wirkt auch ständig auf das Kind ein. Egal, ob es den Eltern passt oder nicht, sie können die Einwirkung der Umgebung auf das Kind nicht verhindern. Das Kind ist also von Anfang an ein selbständiges Lebewesen, das sich auch selbständig entwickelt. Sein größter und ständiger Begleiter ist der Instinkt, der anfangs den Menschen schützt.
Das selbstständige Lebewesen entsteht bei der Befruchtung des Eies durch eines der unzähligen Spermien im Mutterleib.

Von da an bis zur Geburt entwickelt es sich organisch, physisch und psychisch hundertprozentig unter dem Schutz des Instinktes.

Auch nach der Geburt spielt der Instinkt die größte Rolle in der Lebenserhaltung des neuen Erdenbürgers. Die Reaktion des Neugeborenen bzw. des Kleinkindes auf die Umwelteinflüsse basiert nur auf dessen Instinkt und Emotion. Die Ratio kommt erst viel später zur Entwicklung hinzu, wenn das Kind anfängt, sein Umfeld zu entdecken. Das Erwachsensein ist eigentlich keine starre Frage des Alters, sondern eine Frage der Ausbildung von Emotion und Ratio.

GOTT SEI DANK - GOTTESGLAUBE, GRUNDLAGE DER INNEREN KRAFT

GOTTESGLAUBE IN INDONESIEN

Wie 95 % der Bevölkerung Indonesiens waren meine Eltern gläubige Anhänger des Islam. Sie lebten uns Kindern vor, wie ein religiöser Mensch islamischen Glaubens seinem Alltag nachzugehen hatte. Sie standen immer vor dem Sonnenaufgang auf, um das erste Gebet zu verrichten. Täglich beteten sie meistens fünfmal; am Freitag betete mein Vater zum Mittag in der Moschee.

Vor jeder wichtigen Handlung sagte mein Vater das Gebet „Bismillah hirochmanirochim ..." auf („Im Namen und mit Segen Gottes ..."). Nach jedem Gelingen einer besonderen Arbeit stieß er ebenso ein Gebet des Dankes auf Arabisch aus („allhamdullilah hirabil allamin ..." - "Gott Sei Dank ...")

Durch das regelmäßige Beten lebten unsere Eltern uns beispielhaft vor, wie man sich selbstständig daran erinnert, dass es Gott, unseren Schöpfer gibt, der uns ständig begleitet und unser Leben im Großen und Ganzen bestimmt.

Nachdem ich jetzt verschiedene Formen des Islam kenne, klassifiziere ich den Islam in Indonesien zu meiner Jugendzeit, besonders auf Java, als gemäßigt. Auch die anderen Religionen (Buddhismus, Hinduismus, Katholizismus und Protestantismus) erscheinen in Indonesien viel moderater als in ihren Ursprungsländern. Die Erklärung liegt sicherlich darin, dass die Javaner und die meisten indonesischen Völkergruppen bereits eine alte Kultur besaßen, ehe sie von den Weltreligionsüberbringern mit mehr oder weniger Zwang bekehrt wurden. Be-

sonders, bevor der Islam und das Christentum kamen, waren in Indonesien durch den Einfluss des Buddhismus und Hinduismus bereits hochentwickelte Kulturen entstanden. Zeugnisse dieser Zeit sind heute noch zu besichtigen, wie der weltbekannte buddhistische Tempel Borobudur auf Java und verschiedene hinduistische Tempelanlagen auf Java, Bali und anderen Inseln.
Wie wenig die Einflüsse der Araber über den Islam und der Europäer über das Christentum auf die Kultur Indonesiens im Laufe der vergangenen Hunderte von Jahren eingewirkt haben, lässt sich an folgendem Beispielen erläutern:
Die Einstellung der Indonesier zum Leben im Vergleich zu den Europäern und den Arabern lässt sich u.a. an der Interpretation von Farben deutlich unterscheiden: Die Frauen in den Nahost-Ländern tragen überwiegend schwarze Kleidung und schwarze Schleier. Gesichtsschleier wie in Arabien sieht man in Indonesien kaum. Die frommen muslimischen Frauen und Mädchen sieht man dort nur in Weiß bzw. in hellere und bunte Kleidungsstücke gekleidet, sie tragen oft weiße Kopftücher. Die Nonnen und Priester sind in Europa schwarz uniformiert; in Indonesien tragen sie weiße Gewänder. Warum?
Weiß bedeutet in Indonesien rein, und schwarz schmutzig. Rot bedeutet mutig. Gelb, die Farbe der jungen Kokosnussblätter, symbolisiert das Leben. Zu den Trauerfeiern geht man genauso angezogen, wie wenn man zur Hochzeit oder zur Geburtsfeier eines Kindes geht. Es klingt für Europäer fremd, aber es hat einen tieferen Hintergrund. Man glaubt im Allgemeinen an den Fortbestand der Seele (und nicht des Körpers) nach dem Tod. Deshalb wird dem Tod der gleiche Stellenwert beigemessen wie der Geburt. Der Anfang und das Ende des Lebens sind nichts Schmutziges; sie sind gleichwertig rein und sauber. In

der Natur hat jeder seinen Anfang aber auch sein Ende, und wir Menschen gehören nun mal zur Natur. Diese einheimische Farbenphilosophie wurde offensichtlich sowohl von dem Islam als auch von den christlichen Kirchen in Indonesien im Laufe der Zeit übernommen, weshalb sowohl die islamischen als auch die christlichen Würdenträger in Indonesien weiße Gewänder tragen.

GOTTESGLAUBE IN MEINEM ELTERNHAUS

Diese tolerante Grundhaltung in religiösen Angelegenheiten wurde auch bei uns zu Hause praktiziert. Obwohl meine verstorbenen Eltern gläubige und praktizierende Moslems waren, hatten sie die Größe, ihre 11 Kinder an allen angebotenen Religions-Unterrichtsformen innerhalb und außerhalb der Schule teilnehmen zu lassen. Wir waren nicht dazu gezwungen, sondern bekamen den Rat, es zu tun, um später selbst unseren Weg zu Gott leichter finden zu können. Denn meine Eltern hatten die folgende Grundhaltung bzw. Philosophie:
Eine Religion ist nur der Weg zu GOTT, unserem Schöpfer, dem Allmächtigen und Allwissenden. GOTT ist allgegenwärtig und überall, aber GOTT ist auch sehr weit weg im Sinne von unsichtbar. Bildlich gesehen residiert Gott ganz hoch oben, auf der Spitze eines sehr hohen Berges. Wir Menschen werden am Fuße des Berges von IHM zur Welt geschickt. Da der Berg sehr groß ist, ist die Beschaffenheit des Geländes rund um den Berg auch sehr unterschiedlich. Da gibt es Urwald-, Sumpf-, Steppen-, Wüsten-, Felsen-, kalte und heiße Gebiete usw. Der Mensch kommt am Fuße dieses Berges zur Welt, der eine hier und der andere dort. Um Gott hoch auf

dem Berggipfel zu erreichen, muss der eine durch den Urwald gehen, der andere durch den Sumpf und andere wieder durch die Steppe, die Wüste usw. Jeder Weg ist geschaffen durch die Menschen selbst, die den Weg zu Gott suchen. Gott ist zwar weit entfernt, aber ER ist gleichzeitig allumfassend. Wer den Weg zu IHM sucht, wird IHN auch finden. Das Beten ist ein Kommunikationsmittel zwischen Mensch und Gott. Gott braucht uns nicht, aber der Mensch braucht IHN, früher oder später.

Wir besuchten nicht nur islamische, protestantische und katholische Religionsunterrichtsstunden, sondern lernten auch Lebensanschauungen von hinduistischen, hindu-javanischen, buddhistischen und verschiedenen alt-javanischen Geistlichen, sowie chinesische und japanische buddhistische Strömungen wie Shintoismus, Taoismus, Konfuzianismus, und zwar auf freiwilliger Basis kennen.
Das Ergebnis dieser aus europäischer Sicht unglaublich liberalen Weltanschauung meiner religiösen islamischen Eltern war, dass eine Schwester von mir katholischen Glaubens war, zwei Brüder protestantischen Glaubens, vier Geschwister islamischen Glaubens und der Rest seinen jeweiligen Weg selbst gefunden hat. Keiner ist Atheist geworden. Ein Atheist ist ein Mensch, der nicht nur nicht an Gott glaubt, sondern die Existenz Gottes ignoriert bzw. leugnet. Sie sollen selig sein mit ihrem Nichtglauben bzw. mit ihrem Glauben an niemanden als sich selbst.
Auf Grund meiner vorgenannten Geistesentwicklung versuchte ich in den Jahren vor meinem Abitur, meine innere Kraft durch Meditation und Gebet zu stärken. Ich war so erzogen, dass zu einer Bitte immer ein Dank gehört. Den Dank kann

man zwar nach Erfüllung der Bitte zum Ausdruck bringen, aber man kann die Dankbarkeit Gott gegenüber auch im Voraus, z.B. durch Selbstenthaltung und Demut, zum Ausdruck bringen. Regelmäßig abends vor dem Schlafengehen und früh nach dem Aufstehen führte ich einen "Dialog" oder ein „Selbstgespräch" mit GOTT. Darin bat ich IHN zum Tagesbeginn um SEINE Führung und SEINEN Schutz sowohl für mich, als auch für meine Liebsten, damals meine Mutter und meine jüngeren Geschwister (mein Vater war damals schon verstorben). Abends bedankte ich mich für die gegebene Führung und den Schutz, die mir das heile Absolvieren des Tages ermöglicht hatten. Außerdem bat ich Gott um Vergebung für meine Fehler, die ich bewusst oder unbewusst begangen hatte. Nach dem Tode meines Vaters war es mein größter Wunsch, mich so schnell wie möglich unabhängig von meinem Elternhaus zu machen. Durch Selbsteinschränkung und Verzicht wie Fasten und Selbstbeherrschung versuchte ich, meine Bitte an GOTT zu unterstreichen. Als es mir nach dem Abitur tatsächlich gelungen war, ein Stipendium für ein Studium in den Niederlanden zu bekommen und ich mich dadurch von zu Hause unabhängig machen konnte, fühlte ich mich in meinem Glaubensweg bestärkt. Für mich sind meine verstorbenen Eltern Heilige, in dem Sinne, dass ich sie in meinem Gebet neben GOTT mit anspreche. Vater, Mutter und GOTT sind die Dreieinigkeit in meinem Gebet.

WERKZEUGE GOTTES

Für die Nicht-Atheisten gibt es viele Wege zu GOTT. Ich selbst bin religionsunabhängig, aber kein Atheist und habe meinen Weg zu GOTT gefunden, den ich hier zum Verständnis kurz skizzieren möchte.

Die konventionellen Weltreligionen sind große Wege zu GOTT, die von Menschen erschlossen und gebaut wurden, und zwar für und von Menschen, die zu den Zeiten von Mohammed, Jesus oder Moses lebten. Ihre Konventionen passen m.E. nicht mehr zu den Lebensumständen der heutigen Zeit. Deshalb sind sie für mich nicht akzeptabel, obwohl einige Weisheiten aus der Bibel, dem Koran oder der Tora allgemeine Gültigkeit haben.

In diesen Religionen sehe ich eine zu große Vermenschlichung GOTTES. GOTT ist für mich nie ein Mensch gewesen und ER hat es auch nicht nötig, jemals in die Gestalt eines Menschen zu schlüpfen, egal aus welchen Gründen und zu welchem Zweck. Ebenso versteht GOTT alle Sprachen, auch die Sprache von Taubstummen. Insoweit kann ich keiner Religion angehören, deren Lehren und Gebete nur in einer bestimmten Sprache geschrieben bzw. vorgetragen werden. Ebenso kann ich keine Religion akzeptieren, die vorgibt, von Gott als die Religion eines auserwählten Volkes auserkoren zu sein.

Die Zersplitterung der Religionen in verschiedene Fraktionen oder Strömungen, wie besonders im Islam und im Christentum, sind für mich ein weiterer Beweis dafür, dass der Mensch mit seinen irdischen Unzulänglichkeiten und seiner Begrenztheit den Namen GOTT zu sehr für sich missbraucht hat, um Einfluss auf andere Menschen auszuüben. Insofern sind meiner Meinung nach Religionen auch Machtinstrumente bzw. Politik oder politische Ideologien. Ein aktuelles Beispiel der Vermenschlichung von Religion ist in dem Verhalten der katholischen Kirche im Fall Wölky zu erkennen: Kircheninstitutionen werden dazu missbraucht, die menschlichen Fehler Geistlicher unter den Tisch zu kehren.

Wichtig für mich ist die Überzeugung, dass es nur einen GOTT, den Allmächtigen gibt, der den Anfang, das Ende und die Hülle oder den Handlungsraum unseres Lebens vorbestimmt.

Davon, dass es IHN gibt, überzeuge ich mich selbst durch folgende Argumente:

Da wir Menschen nicht wissen, wann, wo, wie und als was wir zur Welt kommen, und ebenso wann, wo und wie wir diese Erde wieder verlassen werden, muss es jemanden geben, der dies veranlasst - und zwar GOTT.

In der Umgangssprache hört man öfter den Satz "ein Kind in die Welt setzen", als ob der Mensch über ein kleines Menschenkind wie über sein eigenes Produkt nach eigenem Gutdünken verfügen könnte. Eltern sind für mich nur Werkzeuge GOTTES, um ein neues Lebewesen, ihr Kind zur Welt zu bringen. Sie können niemals gezielt ein Kind "zeugen", geschweige denn ein Kind "machen". Die Befruchtung des Eies durch eines - manchmal auch zwei und selten mehr - von Zigtausenden von Spermien ist ein reiner Zufall. Erst recht können die Eltern bzw. die Menschen nicht die Gen-Eigenschaften des Kindes oder die 'Rezeptur' des Nachkömmlings vorher vorbestimmen. Ausgehend von dieser These stellt sich die Frage: Wessen Werkzeuge sind denn die Eltern und wer schickt das Kind zu dieser Erde ?

Die Antwort kann m.E. nur heißen: GOTT schickt das Kind zur Welt und benutzt dazu die Eltern als Werkzeuge. Bei dieser Erkenntnis kann man meines Erachtens niemals Atheist sein.

ZUFÄLLE SIND GOTTES FÜHRUNG

Was ist eigentlich ein Zufall? Zufälle kann man weder rational noch instinktiv erklären. Für mich sind Zufälle augenblickliche Gottesfügungen, die in meinem Leben eine große Rolle spielten.

Wie im Autobiografieteil schon erwähnt, bekam ich durch einen reinen Zufall im Oktober 1953 unverhofft ein Angebot für ein Stipendium in Delft. Aus politischen Gründen verließ ich Holland 1958 und zog nach Berlin. Nur zwei Wochen nach meiner Ankunft lernte ich meine spätere Frau bei einer Tanzveranstaltung kennen. Nach meinem Studium war ich zunächst ohne feste Anstellung, erst durch Vermittlung meiner lieben Schwiegermutter bekam ich 1962 einen Einstieg als Praktikant im Kraftwerk Charlottenburg der Berliner Versorgungsfirma Bewag. Wieder durch einen Zufall war sechs Monate später plötzlich eine Stelle in der Dienststelle Wärmetechnisches Messprüffeld frei geworden. Auch durch Gottes Führung konnte ich die Stelle bei der Bewag nicht nur behalten und verteidigen, sondern noch ausbauen. Als einziger nicht-weißhäutiger Ausländer in einem Energieunternehmen mit Tausenden Mitarbeitern war es nicht leicht, aber mit Gottes Führung habe ich es geschafft.

So wie Gott meine Eltern zum Werkzeug meiner Geburt benutzte, so hat ER meine Schwiegermutter als maßgebliches

Instrument meines Einstieges in mein Berufsleben, das ich 33 Jahre lang erfolgreich absolviert hatte, bestimmt. Deshalb bin ich nicht nur Gott und meinen verstorbenen Eltern, sondern auch meiner 2004 verstorbenen Schwiegermutter ewig dankbar.

Als ich im Jahre 1968 zweimal innerhalb von zwei Wochen (am 24. Mai und am 7. Juni) am Darm operiert wurde, war ich wegen dabei entstandener Komplikationen von den Ärzten des Berliner Auguste-Viktoria-Krankenhauses aufgegeben worden. Zu meiner Frau sagte der Oberarzt Dr. Jungblut, der die zweite Notoperation durchführte, dass sie in den nächsten drei Tagen mit dem Schlimmsten rechnen sollte. Nur weil Gott es anders bestimmte, dauern die drei von irdischen Experten vorausgesagten Tage bis heute noch an. Gott sei Dank!

WIRTSCHAFT - LEISTUNG IST EINE FUNKTION VON KÖNNEN UND WOLLEN

ca. 2000

In Zeiten der Wirtschaftsflaute grassiert offenbar der Geist der Hypochondrie unter den Managern. Egal, wie schlecht oder wie gut es dem Unternehmen in Wirklichkeit geht, das Unternehmen muss "krankgeschrieben" werden. Die Führungsspitze nimmt deshalb die gebotene Chance wahr und versucht, das Unternehmen und sich durch eine Schlankheitskur gesundzustoßen.

Wie so etwas gemacht wird, weiß man eigentlich selbst, nämlich durch Abspecken bzw. Kostenreduzierungen. Welche Kosten sollen reduziert werden? Anlagekosten oder Gemeinkosten? Natürlich die vom Personal verursachten und mit der Beschäftigung von Menschen verbundenen Gemeinkosten. Maschinen und Anlagen sind zuverlässiger als Menschen, sie bringen außerdem Investitionszulagen sowie Steuervergünstigungen. Als Zielsetzung gilt somit Personalreduzierung. Mit geringerer Mitarbeiterzahl erhöht sich automatisch die Produktivität, denn Produktivität ist nichts Anderes als Output oder Leistung pro Mitarbeiter. Damit kann man als Vorstand im Aufsichtsrat und vor den Aktionären Lorbeeren ernten. Die Erhöhung der Vorstandsbezüge ist dann nur eine Formsache.

Diese oder ähnliche Gedanken herrschen ständig in den Vorstandsetagen der Unternehmen. Bloß mit der Umsetzung hapert es meistens, weil die Wenigsten den Mut dazu haben, selbst etwas zu unternehmen. Guter Rat ist teuer; außerdem braucht man ein Alibi, um den vielen Mitarbeitern da unten nicht selbst wehtun zu müssen. Die bitteren Pillen, die die

Mitarbeiter schlucken müssen, sollen deshalb am besten von unbekannten, sogenannten neutralen und externen Personen verabreicht werden.
Deshalb ist es heutzutage Mode geworden, dass große Unternehmen und Industriebetriebe für teures Geld sogenannte Unternehmensberater ins Haus holen mit der Erwartung, Monate später ein Rezept für die Schlankheitskur ihres Unternehmens zu bekommen. Da gehen meistens branchenfremde Personen durch das Unternehmen, führen Interviews, sammeln Daten und stellen Fragen, werten sie aus, und zum Schluss stellen sie Diagnosen über das "kranke" Unternehmen: Übergewicht, Verkalkung, Herzrhythmusstörungen usw. Bloß Kopfschmerzen oder Hirnleiden dürfen niemals sein. Der Kopf muss bleiben, denn der muss ja die Gutachter bezahlen. Therapie: Schlankheitskur und Leistungssport. Mit geringem Gewicht soll die Leistung erhöht werden.
Nun, was versteht man eigentlich unter Leistung? Der Mensch kann die Leistung einer Maschine, die ja ausnahmslos von Menschenhand geschaffen ist, exakt kalkulieren. Der Mensch, der das unberechenbarste Wesen überhaupt ist, kann weder seine eigene Leistung, noch die seiner Mitmenschen genau berechnen. Angelehnt an die mechanische oder elektrische Arbeit (Newtonstunden oder kWh) kennt man für arbeitende Industriemenschen den Begriff "Mannstunden". Folglich müsste die Leistungseinheit der Arbeitnehmer logischerweise "Mann" heißen. Dies kann schon nicht stimmen, weil sich heutzutage die arbeitenden Frauen damit niemals einverstanden erklären würden. Außerdem ist "Mann" als Mensch zu unberechenbar.
Der Mensch ist ein Kulturwesen, das nicht nur aus Fleisch und Blut besteht, sondern aus höchst konkreten und abstrakten Komponenten. Jeder Mensch enthält zwischen seiner Geburt

und seinem Tod einen Lebensmotor oder Lebenskern, der das Wachstum der vorgenannten Komponenten steuert, mit dem Ziel, das Leben und Überleben aufrecht zu erhalten. Hiervon sind "Können" und "Wollen" eines jeden Menschen abzuleiten. Aus dieser These leite ich die Leistungsformel für Menschen ab :

Leistung ist eine Funktion von "Können" und "Wollen"

$$L = f(K,W).$$

Das "Können" hängt vom menschlichen Vermögen ab, das wiederum ein Produkt von Fähigkeiten und Fertigkeiten ist. Fähigkeit definiere ich als das Imstandesein, abstrakt und differenziert zu denken, und Fertigkeit als die Gabe, manuell bzw. körperlich zu handeln. Ein Prädikat für Fähigkeit ist z.B. "intelligent", für Fertigkeit z.B. "geschickt". Bis zu gewissen Grenzen können Fähigkeiten und Fertigkeiten durch Erlernen oder Anlernen entwickelt und gesteigert werden. Die Entwicklungsmöglichkeit der Fähigkeiten und Fertigkeiten eines Menschen hängt vom individuellen Kern jedes Einzelnen sowie vom Umfeld und von seiner bisherigen Lebensspanne ab. Bildlich gesprochen hängt die Entwicklung einer Pflanze von der Qualität des Samens, von der Güte des Bodens und von der gegenseitigen Verträglichkeit des Samens und des Bodens ab.

Um die Fähigkeiten und Fertigkeiten eines Menschen zu steigern und sie auf hohem Niveau zu halten, muss man das System des Lernens, d.h. das Aus- und Fortbildungssystem, optimieren. Das System muss ständig den Bedürfnissen nicht nur der Wirtschaft bzw. des Unternehmens, sondern auch denen der arbeitenden Menschen angepasst werden. Das System muss eine kybernetische Konzeption beinhalten, das bedeutet, es muss selbstkontrollierend und selbstkorrigierend sein. Zu diesem System gehört auch das Personalentwicklungssystem im Unternehmen.

Das "Wollen" ist ein typisch menschlicher Faktor. Es ist abhängig von Zeit, Umgebung, Gemüt, Bedürfnis und vielem mehr. Um das "Wollen" eines Menschen zu steigern, muss man ihn "motivieren", d.h. ihn so beeinflussen, dass er ohne Zwangsgefühl, also völlig freiwillig, ja möglicherweise sogar mit Begeisterung das tut, was man von ihm verlangt. Es gibt äußere und innere Motivation, die sich wechselseitig beeinflussen.

Durch äußere Motivation, wie entsprechende Dotierung und Übertragung von Führungspositionen, sollen die Geschäftsführungsmitglieder und die Vorgesetzten einer Firma ihre eigene innere Motivation mobilisieren, um durch beispielhaftes Verhalten, achtung- und vertrauendschaffende Maßnahmen und dergleichen die Mitarbeiter positiv zur ständigen Steigerung ihres Wollens zu beeinflussen. Eine motivierte Mannschaft wirkt für den Vorgesetzten wiederum auch als eine äußere Motivation. Ein motivierter und engagierter Vorgesetzter, der durch seine Menschenkenntnis und vorbildhafte Führung seine Mannschaft positiv beeinflusst, hat ein Erfolgsgefühl. Dies spornt ihn wiederum zu weiterem Engagement an. Diese Wechselwirkung zwischen innerer und äußerer Motivation ist sehr wichtig, besonders für Menschen, für die ihre physiologischen Existenzbedürfnisse kein Thema mehr sind (für Führungskräfte zum Beispiel).

Der Wert einer Motivation ist für jeden Menschen verschieden. Menschen, deren physiologische Existenzbedürfnisse noch nicht voll befriedigt wurden, können leicht durch materielle Anreize motiviert werden. Menschen, die genug zu essen, zu trinken, anzuziehen und ein Dach über dem Kopf sowie ihre eigenen vier Wände haben, kurzum arbeitende Menschen in der hiesigen Gesellschaft, brauchen als Motivation weniger materielle, sondern mehr immaterielle Anreize wie Sicherheit, soziale Anerkennung, positive Perspektiven, Selbstverwirklichung, usw. Da die Befriedigung eines Bedürfnisses sofort neue Bedürfnisse weckt, ist Motivieren von Mitarbeitern keine einmalige Handlung, sondern eine meliorisierende Angelegenheit, die Menschenkenntnis, Fingerspitzengefühl und Ausdauer erfordert.

Die variable Größe "Wollen" enthält nicht nur Motivation, sondern auch die Bereitschaft und die Fähigkeit, mit Menschen umzugehen.

Resümierend ist Folgendes zu sagen: Bevor ein Unternehmen einen Unternehmensberater ins Haus holt, sollte man ernsthaft überlegen, wie man seine eigenen, in der Mehrzahl meistens langjährigen, erfahrenen Mitarbeiter motivieren kann, ihre Leistungen zu erhöhen. Alle Mitarbeiter sollten bei diesen Überlegungen mit einbezogen werden. Wenn man sie richtig anspricht, erfährt man sogar, wo die Schwachstellen in ihrem Arbeitsumkreis liegen und wie sie behoben werden könnten. Dies ist im Prinzip auch die Grundlage des japanischen Qualitätszirkels. Man macht sozusagen das Betriebsgeschehen transparent. Ein für die Mitarbeiter transparenter Betrieb vermeidet die Entstehung von Nischen und Verkrustungen, die Verlustquellen darstellen. Allerdings erfordert Transparenz im

betrieblichen Geschehen eine absolute Ehrlichkeit zueinander, nicht nur zu und mit den Mitarbeitern, sondern auch unter den Führungsspitzen. Daran hapert es meistens.
Um die Produktivität der arbeitenden Menschen steigern zu können, muss ein Unternehmen im Prinzip Folgendes tun :

1. die Aus- und Fortbildung sowie das Personalentwicklungssystem ausbauen und optimieren, und zwar auf allen Hierarchie-Ebenen, um das "Können" der Belegschaft zu steigern und auf hohem Niveau zu halten;
2. eine vertrauenswürdige Führungsmannschaft auswählen, die die Belegschaft zur Steigerung des "Wollens" motivieren kann;
3. bessere Rahmenbedingungen schaffen, um die immateriellen Bedürfnisse der Mitarbeiter so zu befriedigen, dass die Eigenmotivation der Belegschaft zur Steigerung des "Wollens" verbessert werden kann.

In allen drei Punkten hat die Betriebsvertretung durch Mitwirkung und Mitbestimmung auch die Möglichkeit, ihren Beitrag zu leisten. Dies kann sie nur tun, wenn ihre Mitglieder sich auch ständig aus- und fortbilden lassen, genauso wie die von ihnen vertretenen Arbeitnehmer.
Wenn die Führungskräfte, die Mitglieder der Arbeitnehmervertretung und die Belegschaft eines Unternehmens sich konsequent ständig aus- und fortbilden lassen würden, sowohl in ihren Fachgebieten als auch im Umgang miteinander, dann wäre der Betrieb optimal. Dies zu erreichen ist die Hauptaufgabe des Personalentwicklungssystems des Unternehmens.

STOLZ

ca. 2001

Kultur ist eine im Laufe der Zeit gewachsene Struktur einer großen Gruppe von Menschen mit Werten aller Art, die in einer ebenso gewachsenen Gemeinschaft generationenlang zusammenleben und nach und nach Gemeinsamkeiten geschaffen haben. Das Wort Stolz drückt das Hochgefühl eines Menschen aus, der sich über das Erreichte aufgrund seiner Leistung freut. Insoweit fand ich es unpassend, dass der damals noch designierte christdemokratische Generalsekretär Laurenz Meyer in einer NTV-Sendung von Sandra Maischberger mit Inbrunst verkündete **„Ich bin stolz, ein Deutscher zu sein"**.
Im November 2000 entstand eine heiße Diskussion über den Begriff „Leitkultur" in Deutschland. Die CDU hält an diesem strittigen Begriff fest.
Deutschland und die Deutschen waren immer stolz auf ihre Nation und Kultur. Aber stolz könnte doch eher jemand sein, der weder gebürtiger Deutscher noch weißhäutig ist, der die deutsche Sprache nicht mit der Muttermilch aufgesogen hat und trotzdem durch seine Leistungen die deutsche Staatsangehörigkeit erworben hat und von seinem Umfeld anerkannt und akzeptiert wird. Wenn Herrn Meyers Eltern und Vorfahren schon immer Deutsche waren, dann ist es doch eine Selbstverständlichkeit, dass er auch Deutscher ist, ohne selbst etwas dafür getan zu haben. Wenn es ihm so gut geht als deutscher Christ, dann sollte er dafür dankbar sein und nicht stolz.
Der Stolz der Deutschen stürzte in der Vergangenheit die Welt, besonders Europa, in den Abgrund; dieser Stolz (ver-)führte

die Nation dahin, dass sie nur sich selbst als hochwertig sahen und alle anderen Nationen als minderwertig.

Diese Tendenz sollte eine christliche Partei nicht durch Heuchelei fördern. Die Heuchelei liegt darin, dass man einerseits „Weltoffenheit und Toleranz“ predigt und andererseits eine rückwärtsgerichtete „Deutsche Leitkultur“ einführen will.

Deutschland ist eine Industrienation. Gerade die Industriewelt ist multikulturell, überall. Als Laurenz Meyer in einer ZDF-Sendung von Maybritt Illner mit der Frage „Was ist Deutsch?“ konfrontiert wurde, antwortete er: „Goethe, Schiller, ... , Grundgesetz, ... , Bier, Bockwurst, ...“. Wie soll man diese Antwort interpretieren? Müssen Einwanderer Bier trinken und Bockwurst essen, um sich zugehörig zu fühlen? Sind Deutsche, die Döner Kebab und Pizza essen und Tee trinken Bürger zweiter Klasse?

LESERBRIEFE

Vor dem digitalen Zeitalter benutzte ich überwiegend das Zeitung-Lesen als Mittel zur Meinungsbildung und benutzte die Rubrik „Leserbriefe“ als Arena der Meinungsäußerung. Angefangen, Leserbriefe zu schreiben, habe ich bereits im Jahre 1972. Mein Leserbrief mit Kritik an dem bayerischen Innenminister Merk und dem Münchener Polizeipräsidenten Dr. Schreiber wurde in der Berliner Morgenpost veröffentlicht. Das ermunterte mich dazu, öfter an Publikationen zu schreiben. Im Februar 1996 ging ich in den Ruhestand, deshalb höre ich mit der Aufzählung meiner veröffentlichten Leserbriefe dort auf, obwohl ich bis heute ab und zu noch an Zeitungen schreibe.

Am 27.04.1972 erschien mein Leserbrief im Fall Rainer Barzel in der damaligen Zeitung „TELEGRAF".

LESERBRIEFE

Nur ein Schachzug

(„CDU/CSU probt Regierungssturz – Barzel soll Bundeskanzler werden", 25. April)

Was kann ein Bundeskanzler Barzel besser machen als Willy Brandt? Im Grunde genommen nichts für die Bundesrepublik und nichts für Berlin, aber viel für die CDU/CSU selbst. Denn als Bundeskanzler wird Barzel wahrscheinlich folgendes tun:

1. Das Nein der Opposition zu den Ostverträgen in ein Ja der CDU/CSU-Regierung umfunktionieren, indem sie nach einer pro-forma-Kontaktaufnahme mit der Sowjet-Union die Forderung der CDU/CSU als erfüllt betrachtet. 2. Die Ostverträge dann vom Bundestag mit großer Mehrheit ratifizieren lassen, da SPD und FDP auch als Oppositionsparteien dazu nicht nein sagen können. 3. Die kurze Zeitspanne zwischen Regierungsübernahme und Bundestagswahlen 1973 dazu ausnutzen, um SPD und FDP alle Schuld für die schlechte Finanzlage, Wirtschaftslage usw. zuzuschreiben und die Wahlen frühzeitig und auf Kosten von SPD und FDP vorzubereiten und für sich versuchen zu gewinnen.

Somit ist der Mißtrauensantrag ein geschickter Schachzug der Oppositionsparteien im Bundestag. Scheitert der parlamentarische Umsturzversuch, dann bleibt der CDU/CSU nichts anderes übrig als ihr Nein zu den Ostverträgen für immer durchzuhalten.

Dipl.-Ing. R. Soetarjono, Tempelhof

Am 12.08.1976 wurde ein Leserbrief von mir in der Berliner Morgenpost …

Nicht immer ist Schweigen Gold

In dieser Welt wird an keiner Staatsgrenze so schnell und so leichtsinnig auf unbewaffnete Menschen geschossen wie an den innerdeutschen Grenzen durch die DDR-Grenzsoldaten.

Wird im Ausland Unrecht gegen Menschen getan, dann protestieren und demonstrieren in West-Berlin und in der Bundesrepublik erfreulicherweise viele engagierte Bürger. Leider sind es meistens nur die sogenannten Linken. Mit Recht haben die BERLINER MORGENPOST und manche Bürger gefragt, warum sie jetzt nicht gegen diese Willkür der DDR auf die Straße gehen. Ich möchte jedoch hiermit eine ebenso berechtigte Frage an die Nicht-Linken und an die sogenannte schweigende Mehrheit in diesem freien Teil Deutschlands stellen, warum sie nicht auch auf die Straßen gehen, um die DDR anzuklagen?

Es wäre doch jetzt eine Möglichkeit für alle demokratischen Parteien, die schweigende Mehrheit gemeinsam zu mobilisieren, um der Welt zu zeigen, daß nicht nur die Politiker, sondern auch die Bürger dieses Staates, stellvertretend für alle Deutschen, das unmenschliche Verhalten der DDR scharf verurteilen. Nicht immer ist Schweigen Gold. Wer angesichts der eklatanten Schändung der Menschenrechte durch die DDR weiter schweigt, ist meines Erachtens dieser Demokratie nicht würdig und macht sich damit mitschuldig!

Raden N. Soetaryono, Bln. 49

und am 18.09.1976 in der Berliner Stimme veröffentlicht.

Enttäuschend!

Bereits vor den Wahlen des Berliner Abgeordnetenhauses beobachtete ich ein Symptom in unserer Partei, das sich nicht gerade positiv für die SPD auswirken muß, nämlich das fehlende Selbstbewußtsein unserer Genossen. Damals wie heute vor den Wahlen sind mehr CDU-Werbeplaketten zu sehen. Da die SPD mehr Mitglieder als die CDU hat, sollte das Straßenbild in dieser Hinsicht doch umgekehrt sein. Ich versuchte daraufhin der Ursache nachzugehen und stellte fest, daß viele unserer Funktionäre, Bezirksverordneten und Abgeordneten ihre Autos offensichtlich lieber ohne SPD-Plaketten, also ganz anonym und bürgerlich, fahren. Diese Feststellung ist enttäuschend!

Wir machen uns selbst unglaubwürdig und lächerlich, wenn wir SPD-Plaketten und ähnliches Werbematerial an die Bevölkerung verteilen, selbst aber zu feige sind, sie in der Öffentlichkeit offen zu tragen bzw. zu zeigen.

Wir können meines Erachtens Vertrauen der Bevölkerung nur zurückerobern, wenn wir selbstbewußt, **offensiv** und sichtbar unsere Politik vertreten. Daran sollten wir alle denken und insbesondere unsere „arrivierten" Genossen ständig erinnern.

R. N. Soetarjono, Berlin 49

Am 01.03.1979 wurde ein Leserbrief zum Thema Vietnam-China-Konflikt im Tagesspiegel veröffentlicht.

Dipl.-Ing. Raden Soetarjono 1 Berlin 49, den 1.3.1979
Krusauer Straße 129a

Verlag "DER TAGESSPIEGEL"
Demokratisches Forum
Potsdamer Straße 81/85
1 Berlin 30

Betr.: "Vietnam bittet Indonesien um Vermittlung im Konflikt mit China"
Der Tagesspiegel Nr. 10165 vom 1.März 1979

Sehr geehrte Damen und Herren!

Gestatten Sie mir bitte, zu dieser Meldung und zum Krieg zwischen China und Vietnam die folgende Betrachtung anzustellen:

Obwohl Indonesien seit Jahren keine normalen Beziehungen zu China unterhält, bat Vietnam im jetzigen Konflikt mit China um die Vermittlung Indonesiens. Deshalb ist dieser Schritt mehr als ein Wink der Vietnamesischen Seite zu verstehen, die sich der ASEAN-Gruppe (Indonesien,Thailand,Philipinen,Malaysia und Singapur) nähern möchte. Das ist auch verständlich, denn der Kampf der Vietnamesen als I n d o c h i n e s e n um ihre politische Unabhängigkeit hat viele Parallelen zum Freiheitskampf Indonesiens.
Bereits 1925 hatten sich Ho Chi Minh und seine Gefolgsleute auf einen Befreiungskampf nicht nur von Vietnam, sondern für ganz INDOCHINA festgelegt. Ähnlichen Schwur legten im Jahre 1927 ein junger ingenieur namens Soekarno und andere Nationalisten aus den verschiedenen Inseln des damaligen Niederländich Ost Indien gemeinsam ab.
Während die Indonesier unter Soekarnos Führung als Ziel eine unabhängige Nation (als Schicksalsgemeinschaft der jahrhundertelang von den Niederländern kolonisierten Völker innerhalb des Administrationsgebietes der damaligen Niederländisch Ost Indien zu verstehen) namens Indonesien anstrebten, begannen fast gleichzeitig die Vietminhs unter Führung von Onkel Ho für ein befreites Indochina in den Grenzen des damaligen französischen Kolonialgebietes zu kämpfen.
Soekarnos Endziel wurde erst 1959, mit der Räumung von Irian (=West Neu Guinea) durch den Niederländer von den Indonesiern erreicht.
Ho Chi Minh und seine politischen Erben haben es viel schwerer als die Indonesier, ihr Ziel zu erreichen. Kriege mußten sie führen gegen die Japaner, dann gegen die Franzosen und zuletzt gegen die Vereinigten Staaten. Aber auch auf dem diplomatischen Parkett wurden sie sowohl von den Chinesen als auch von der Sovjet Union verraten und verkauft. Sie stimmten in den fünfziger Jahren die Balkanisierung Indochinas. Neben Laos und Kambodya wurden Nord und Süd Vietnam geschaffen. Erst nach Abzug der Amerikaner und nach der Wiedervereinigung Nord-und Südvietnams im Jahre 1975 sind die Erben Ho Chi Minhs dazu gekommen, das ursprüngliche Ziel Ho Chi Minhs vom 1925 weiter zu verfolgen. Laos und Kambodya sollen in der Schicksalsgemeinschaft der Indochinesen unter Führung Vietnams verbleiben. Der Einmarsch der Vietnamesen in Kambodya war ein logischer Schritt in diese Richtung. Er ist m.E. als ein Analogon der damaligen Rückgliederung West Neu Guineas durch Indonesien zu betrachten. Deshalb hat Vietnam in dieser Hinsicht bei den asiatischen Nachbarn - China ausgenommen - mehr Verständnis als man hier in Europa glaubt.

b.w.

Die politischen Erben Ho Chi Minhs sind zwar kommunistisch ideologisiert, aber primär sind sie antichinesische asiatische Nationalisten. Ihre Anlehnung an den Sovietblock ist weniger ideologisch begründet als Furcht vor dem großen Nachbar China.
Diese Furcht vor dem mächtigen und menschenreichen China ist in allen ASEAN-Ländern latent und allgemein vorhanden. Jedes Mitglied des ASEAN hat seine Probleme mit den Auslandschinesen.
In dieser Furcht vor China und im Bestreben Chinas Drang in Richtung Süden möglichst einzudämmen sind sich die ASEAN-Länder und die Vietnamesen einig.

Könnten Vietnam, Laos und Kambodya in Frieden endlich ihr INDOCHINA schaffen und aufbauen, dann würde dieses Indochina das sechste Mitglied von ASEAN werden. ASEAN würde ein strategisch wichtiges und stabiles Bollwerk im Südost-Asien bilden, was auch im Interesse der Sovjets und der Vereinigten Staaten sein könnte und weniger der Chinesen.
Die Ernsthaftigkeit der Friedensbekündungen Chinas ist m.E. weniger an Taiwan zu messen, sondern mehr daran, ob China ein Indochina vietnamesischer Prägung dulden wird oder nicht.

Dipl.-Ing. Raden Soetarjono
Berlin - Lichtenrade

Am 23.10.1983 veröffentlichte die Berliner Morgenpost meinen Leserbrief zum Thema Arbeitszeit.

Arbeitszeit

Sehr geehrte Damen und Herren!

Nach Meinung der Gewerkschaften und der neuerlichen Aussage des IFO-Institutes führte primär die Verkürzung der Wochenarbeitszeit zur Schaffung neuer Arbeitsplätze und zum Abbau der Arbeitslosigkeit.

Ich bin auch ein Gewerkschaftsmitglied und ein aktiver Arbeitnehmervertreter. Die vorgenannte Meinung allerdings teile ich nicht. In der heutigen Zeit der schweren wirtschaftlichen und sozialpolitischen Lage ist m. E. eine Verkürzung der Lebensarbeitzeit vorrangiger anzustreben, da dies eher die Arbeitslosigkeit verringern kann als eine Verkürzung der Wochenarbeitszeit.

Wenn ein (alter) Mitarbeiter geht, dann hinterläßt er eine vakante Stelle. Sein Weggang wirkt direkt auf den Arbeitsmarkt, da sein Arbeitsplatz wiederbesetzt werden muß. Die Verpflichtung, jede vakant gewordene Stelle neu besetzen zu müssen, haben die Gewerkschaften den Arbeitgebern abzuringen. Eine Verkürzung der Wochenarbeitszeit könnte von der Arbeitgeberseite leicht (durch die heutigen technischen Möglichkeiten) mit Rationalisierungsmaßnahmen beantwortet werden. Möglicherweise verlieren wir dadurch noch mehr Arbeitsplätze!

Meines Erachtens sollen wir unsere Bemühungen dahin richten, daß die Lebensarbeitszeitsverkürzung und die Möglichkeit der Arbeitsplatz- bzw. Arbeitszeitteilung baldmöglichst gesetzlich oder tarifvertraglich geregelt werden. Diese Maßnahmen sind meiner Meinung nach humaner – da der Altersabbau der arbeitenden Menschen Berücksichtigung findet – und volkswirtschaftlich und sozialpolitisch geboten (mindestens Schaffung von mehr Arbeitsmöglichkeiten aus den vorhandenen Arbeitsstellen für die arbeitswilligen Arbeitslosen!).

Mit freundlichen Grüßen
Dipl. Ing. Raden N. Soetarjono, Berlin 49

Am 28.05.1984 veröffentlichte die Berliner Morgenpost meinen Leserbrief zum Thema Streik.

Über Streik entscheiden die wenigen Organisierten

Meine Damen und Herren!

Da es leider in den meisten Betrieben zu wenig gewerkschaftlich organisierte Arbeitnehmer gibt, werden die Entscheidungen über das Ja oder Nein zum Streik nur von den wenigen organisierten Arbeitnehmern getroffen.

Beispielsweise können in einem Betrieb mit 6000 Arbeitnehmern, wovon nur 10 Prozent gewerkschaftlich organisiert sind, bereits 450 dieser Gewerkschaftsmitglieder über die Arbeitsniederlegung entscheiden. Wären alle 6000 Arbeitnehmer gewerkschaftlich organisiert, dürfte es der Gewerkschaft viel schwerer fallen, Ja-Stimmen zum Streik von mindestens 4500 betroffenen Mitgliedern zu bekommen. Der Arbeitsfrieden wäre stabiler.

Die beste Demokratie nützt vielen nicht, wenn die Menschen, für die sie geschaffen wurde, nur zuschauen und nicht mitmachen wollen. *Dipl.-Ing. Raden Soetarjono, Berlin 49*

In dem am 27.05.1984 erschienenen Volksblatt Berlin veröffentlichte die Zeitung meinen Leserbrief zum Thema „Zu viele Zuschauer im Arbeitskampf".

Zu viele Zuschauer

Tarifvertragsparteien sind nach § 2 des Tarifvertragsgesetzes die Gewerkschaften, einzelne Arbeitgeber sowie Vereinigungen von Arbeitgebern. Nach Ausschöpfung des Verhandlungsspielraumes können zur Durchsetzung von Tarifvertragsforderungen nur tariffähige Personen und Verbände einen rechtmäßigen Arbeitskampf erklären und durchführen. Dazu ist eine Urabstimmung unter den betroffenen tariffähigen Personen (im Betrieb oder Tarifgebiet arbeitenden, gewerkschaftlich organisierten Arbeitnehmern) erforderlich. Im allgemeinen ist eine Dreiviertelmehrheit notwendig.

Da es leider in den meisten Betrieben zu wenig gewerkschaftlich organisierte Arbeitnehmer gibt, werden die Entscheidungen über das Ja oder Nein zum Streik nur von den wenigen organisierten Arbeitnehmern getroffen. So gesehen sind die „Zuschauer" unter den Arbeitnehmern selber schuld daran, wenn in ihrem Betrieb gegen ihren Willen gestreikt wird, da sie durch ihre Gewerkschaftsabstinenz nicht mitentscheiden können. Mit einem Beispiel möchte ich dies verdeutlichen:

In einem Betrieb mit 6000 Arbeitnehmern, wovon nur zehn Prozent gewerkschaftlich organisiert sind, können bereits 450 dieser Gewerkschaftsmitglieder über die Arbeitsniederlegung entscheiden, da nur 600 Belegschaftsmitglieder tariffähige Personen sind. Wären alle 6000 Arbeitnehmer in dem Betrieb gewerkschaftlich organisiert, dürfte es der Gewerkschaft viel schwerer fallen, Ja-Stimmen zum Streik von mindestens 4500 betroffenen Mitgliedern zu bekommen. Der Arbeitsfrieden wäre stabiler.

Solange nur eine Minorität der Arbeitnehmerschaft bereit ist, sich gewerkschaftlich zu organisieren, um dadurch tariffähig zu sein, und die Mehrheit zwar von den abgeschlossenen Tarifverträgen profitiert, ansonsten aber mit den Gewerkschaften nichts zu tun haben will, bleiben Arbeitskämpfe nur eine Minderheitsangelegenheit. Dies dürfte weder im Interesse der Allgemeinheit, der Arbeitnehmer noch der Arbeitgeber sein. Die beste Demokratie nützt vielen nicht, wenn die Menschen, für die sie geschaffen wurde, nur zuschauen.

Dipl-Ing. R. N. SOETARJONO,

Am 24.03.1985 kommentierte ich in der Berliner Morgenpost Norbert Blüm mit der Frage "Wer finanziert unsere Rente?".

Wer finanziert unsere Rente?

Sehr geehrte Damen und Herren!

Das Prinzip, daß die Rente nur von der Arbeit bezahlt werden kann und muß – wie Bundesminister Blüm in mehreren Interviews sagte – ist richtig. Da aber die Arbeit mehr und mehr von Maschinen und Robotern geleistet wird, müssen die Rentenversicherungsbeiträge auch zunehmend von den Eigentümern dieser Investitionsgüter getragen werden. Eine Anpassung des Rentenversicherungssystems an diese Sachlage ist deshalb zwingend notwendig. Es ist Aufgabe alller Politiker, eine entsprechende Reform des Renten- und Arbeitslosenversicherungssystems, ja des gesamten Sozialversicherungssystems einzuleiten und durchzuführen.

Zerbricht sich den Kopf über die Rentenfinanzierung: Norbert Blüm.

Da die Zahl der Menschen im erwerbsfähigen Alter bis 1990 ständig steigen wird und die Zahl der Arbeitsplätze auch bei florierender Konjunktur höchstens konstant bleibt, sehen die Aussichten sowohl für die Jugend als auch für die Rentenempfänger in den nächsten Jahren schwarz aus, wenn wirklich nichts geschieht.

Die arbeitsfähigen Menschen sollten schon jetzt daran denken, daß ihr verfügbares Einkommen künftig kleiner wird, weil die Sozialversicherungsbeiträge, die eigentlich die seelenlosen Kollegen Roboter mitzutragen haben, auf sie umgelegt werden. Sie sollten die Bemühungen der Gewerkschaften und der politischen Kräfte, die eine grundlegende Reform des Sozialversicherungssystems in Anpassung an die mikroelektronisch beherrschten Arbeitswelt anstreben, unterstützen.

Mit freundlichen Grüßen
Dipl. Ing. Raden N. Soetarjono,
Berlin 49

Mein Schreiben an den Regierenden Bürgermeister über Schichtdienst wurde in der Berliner Morgenpost vom 22.10.1987 veröffentlicht und ich bekam am 2. Dezember 1987 eine Antwort vom Büro des Regierenden Bürgermeisters.

Schichtdienst

Sehr geehrter Herr Regierender Bürgermeister,

zur bevorstehenden Steuerreform hat Ihr Kollege Lothar Späth aus Baden-Württemberg neulich angekündigt, daß er im Bundesrat gegen die Reform stimmen werde, wenn die Besteuerung der Nacht- und Feiertagsschichtarbeiten wie vorgesehen aufrechterhalten wird. Nun hat der neue CDA-Vorsitzende, der Berliner Sozialsenator Ulf Fink, sich ebenfalls gegen die geplante arbeitnehmerfeindliche Steuerreform ausgesprochen, indem er eine entsprechende Nachbesserung verlangte.

Im Namen meiner Kollegen, die zur Sicherung der Energieversorgung Berlins Tag und Nacht, 24 Stunden täglich ohne Rücksicht auf Feiertage in durchlaufendem Drei-Schicht-Dienst arbeiten, damit überall und jederzeit Strom und Wärme zur Verfügung stehen, bitte ich Sie, Herr Diepgen, in der geplanten Steuerreform die gleiche Haltung wie Ministerpräsident Lothar Späth einzunehmen. Bereits jetzt ist es schwierig, geeignetes Fachpersonal für den durchlaufenden Drei-Schicht-Dienst zu finden.

Dipl.-Ing. Raden Soetarjono,
Berlin 49

Der Regierende Bürgermeister von Berlin
Senatskanzlei

BERLIN

Der Regierende Bürgermeister, Rathaus Schöneberg, D-1000 Berlin 62

Herrn
Dipl.-Ing. R.N. Soetarjono
Krusauer Straße 129 a

1000 Berlin 49

GeschZ. (bei Antwort bitte angeben)
III B 2 - 3807/ 04
Bearbeiter

Zimmer

Fernruf 7831 (Vermittlung)

Apparat (Durchwahl 783 + App.-Nr.)
8762 Intern (90)

Datum

2. Dezember 1987

Sehr geehrter Herr Soetarjono,

für Ihr Schreiben vom 18. Oktober dieses Jahres bedanke ich mich. Der Senator für Finanzen hat mir auf Anfrage zu der Problematik der Besteuerung der Nacht- und Feiertagsschichtarbeiten folgende Informationen übermittelt.

Nach § 3 b Abs. 1 EStG 1987 sind gesetzliche (nur in Berlin nach dem Gesetz über die Lohnzahlung an Feiertagen vom 22. Juli 1950 - GVBl. S. 317 - i.d.F. des Änderungsgesetzes vom 4. Juni 1954 - GVBl. S. 301) und tarifvertragliche Zuschläge, die für tatsächlich geleistete Sonntags-, Feiertags- und Nachtarbeit neben dem Grundlohn gezahlt werden, steuerfrei. Die Zuschläge müssen in einem Gesetz oder in einem Tarifvertrag dem Grunde und der Höhe nach festgelegt sein. An den Tarifvertrag müssen der Arbeitnehmer und sein Arbeitgeber gebunden sein, oder das Arbeitsverhältnis muß dem Tarifvertrag unterstellt sein.

Nach § 3 b Abs. 2 EStG 1987 sind Zuschläge, die in anderen Fällen für tatsächlich geleistete Sonntags-, Feiertags- und Nachtarbeit neben dem Grundlohn gezahlt werden, steuerfrei, soweit sie bestimmte aufgeführte Vom-Hundert-Sätze des Grundlohns nicht übersteigen, und zwar

für Sonntagsarbeit	50 v.H.
für Arbeit an gesetzlichen Feiertagen	125 v.H.

- 2 -

für Arbeit an den Weihnachtsfeiertagen und am 1. Mai	150	v.H.
für gelegentliche Nachtarbeit	30	v.H.
für regelmäßige Nachtarbeit	15	v.H.

Im Rahmen der Steuerreform ist beabsichtigt, die Steuerfreiheit der gesetzlichen und tarifvertraglichen Zuschläge ab 1990 entsprechend der für Zuschläge in anderen Fällen bereits bestehenden Regelung der Höhe nach zu begrenzen und für Nachtarbeitszuschläge einen einheitlichen Satz von 25 v.H. des Grundlohnes vorzusehen. Dadurch wird erreicht, daß sowohl tarifvertragliche als auch andere Zuschläge für Sonntags-, Feiertags- und Nachtarbeit steuerlich behandelt werden.

Die für die Berliner Energieversorgungsbetriebe geltenden Tarifverträge sehen z.Z. die folgenden Zuschläge vor:

Zuschläge für Nachtarbeit	BAT für Angestelle 1,50 DM je Stunde		BMT-G für Arbeiter 20 v.H.	
für Sonntagsarbeit	25	v.H.	30	v.H.
für Feiertagsarbeit				
a) ohne Freizeitausgleich	135	v.H.	135	v.H.
b) mit Freizeitausgleich	35	v.H.	35	v.H.
für Arbeit an den Weihnachtsfeiertagen und am 1. Mai a) ohne Freizeitausgleich	135	v.H.	135	v.H.
für Arbeit ab 12 Uhr am Heiligabend und am Silvestertag	100	v.H.	100	v.H.

Die ab 1990 beabsichtigte steuerliche Neuregelung würde zu einer Einschränkung der Steuerfreiheit von Zuschlägen im Bereich des BAT und des BMT-G bei dem bestehenden Zuschlag von 135 v.H. für Arbeit ohne Freizeitausgelich an gesetzlichen Feiertagen - außer an den Weihnachtsfeiertagen und am 1. Mai - führen, indem nur ein Satz von 125 v.H. des Grundlohns steuerfrei bleibt; ferner würden die für

Arbeit am Heiligabend und am Silvestertag für Zeiten ab 14.00 Uhr gezahlten tarifvertraglichen Zuschläge steuerpflichtig werden, die auf Grund der Rechtsprechung des Bundesfinanzhofes durch Abschnitt 17 Abs. 1 Satz 3 der Lohnsteuer-Richtlinien 1987 bisher begünstigt sind. Bezüglich der Zuschläge für Nachtarbeit tritt hingegen keine Verschlechterung ein.

Die durch die Begrenzung auf bestimmte Zuschlagssätze eintretende Steuerpflicht eines Teils der Zuschläge führt zwar für sich zu einer steuerlichen Belastung der hiervon betroffenen Arbeitnehmer. Die durch den neuen linear-progressiven Steuertarif ab 1990 vorgesehene allgemeine Steuerentlastung wird jedoch auch diesen Personenkreis steuerlich günstiger stellen, als er - bei Beibehaltung des § 3 b EStG in seinerderzeitigen Fassung - nach dem Tarif 1988/1989 stünde.

Die Notwendigkeit, die genannten Zuschläge steuerlich zu begünstigen und damit die Bereitschaft zur Tätigkeit zu den ungünstigen Zeiten zu erhalten, wird gesehen.
Es sollte jedoch auch berücksichtigt werden, daß es nichts weniger als ein Gebot der Gerechtigkeit ist, daß die Zuschläge für tatsächlich geleistete Sonntags-, Feiertags- und Nachtarbeit bei a l l e n Arbeitnehmern steuerlich gleichbehandelt werden, unabhängig davon, ob sie auf einen Tarifvertrag, einer Betriebsvereinbarung oder einer einzelvertraglichen Regelung beruhen.

Ich hoffe, Ihnen mit diesen Hinweisen geholfen zu haben. Für weitere Informationen steht Ihnen jederzeit der Senator für Finanzen - III B 2 - Nürnberger Straße 53, 1000 Berlin 30, Tel.: 21 23 23 56, zur Verfügung.

Mit freundlichen Grüßen
Im Auftrag

Bensch

Meine Kritik an Senator Wittwer wegen der Auszeichnung für die Gestaltung einer Leuchtschrift an der Spielhalle wurde in der Berliner Morgenpost vom 17. Januar 1988 veröffentlicht.

SEITE 4 – SONNABEND, 9. JANUAR 1988

Spielhalle bekam Preis – Kritik von Jugendsenatorin

Für die „beispielhafte Gestaltung ihrer Leuchtschrift" hat Bausenator Georg Wittwer im Rahmen eines Wettbewerbs unter dem Motto „Berlin im Licht" eine Spielhalle am Kurfürstendamm ausgezeichnet. Jugendsenatorin Cornelia Schmalz-Jacobsen (FDP) hält diese Auszeichnung für „jugendpolitisch nicht vertretbar". Frau Schmalz-Jacobsen unterstützt seit Jahren die bundesweiten Bemühungen gegen die Eröffnung neuer Spielhallen.

Wittwer verteidigte seine Entscheidung gestern in einer Antwort auf eine parlamentarische Anfrage des FDP-Abgeordneten Peter Tiedt. Die Preisvergabe sei „allein unter dem Gesichtspunkt der Originalität und Buntheit der farblichen Lichteffekte" erfolgt.

Frau Schmalz-Jacobsen erklärte dazu: „Dies ist wieder einmal ein typisches Beispiel dafür, daß in den Senatsverwaltungen nicht über die eigenen Grenzen hinausgedacht, keine Sensibilität für die Probleme anderer Verwaltungen existiert." Die Jugendverwaltung finanziert unter anderem auch Beratungen für Spielsüchtige. *ari*

BERLINER MORGENPOST

LESERBRIEFE

SEITE 28 – SONNTAG, 17. JANUAR 1988

Leuchtschrift animiert Besucher

Zu „Spielhalle bekam Preis – Kritik von Jugendsenatorin" vom 9. 1.:

Sehr geehrte Damen und Herren!

Senator Wittwer hätte sich bei der Vergabe der Auszeichnung für die beispielhafte Gestaltung einer Leuchtschrift nicht nur unter dem Gesichtspunkt der Originalität und Buntheit der Lichteffekte verleiten lassen dürfen. Eher direkt als indirekt machte er doch damit Reklame für die prämiierte Spielhalle. Als Politiker hätte er primär die möglicherweise animierenden Folgen seiner Entscheidung – besonders für die Jugend – bedenken müssen. Meiner Meinung nach hat Frau Schmalz-Jacobsen ihren Kollegen Wittwer zu Recht kritisiert.

Wo führt uns denn die Senatspolitik hin, wenn sich ein Senator nur nach der Schönheit der Glitzerwelt und der andere nach eigenem Kunstgeschmack ohne politischen Instinkt entscheidet? Senatoren sind Politiker, die gute Senatspolitik umzusetzen haben.

Mit freundlichen Grüßen
Dipl.-Ing. Raden Soetarjono,
Berlin 49

Obwohl ich selbst ein Gewerkschaftsmitglied war, habe ich die Meinung der ÖTV, die gegen die Einführung der Stechuhren war, kritisiert („Wer nicht bummelt, braucht Zeitkontrollen nicht zu fürchten"). Dies wurde in der Berliner Morgenpost vom 20.08.1989 veröffentlicht.

BERLINER MORGENPOST

Wer nicht bummelt, braucht Zeitkontrollen nicht zu fürchten

Zu ÖTV: „Stechuhren schüren Mißtrauen" vom 20. 8.:

Die heftige Reaktion der ÖTV auf die beabsichtigte Einführung von Zeiterfassungsgeräten zur Kontrolle der gleitenden Arbeitszeit im öffentlichen Dienst ist meines Erachtens unverständlich. Warum sollten Maßnahmen, die in anderen Betrieben mit gleitenden Arbeitszeiten von ihren Arbeitnehmern bereits ohne Murren hingenommen wurden, im öffentlichen Dienst als Mißtrauen wirken? Wer kann denn garantieren, daß im öffentlichen Dienst vertrauenswürdigere Menschen als in der Industrie arbeiten? Keiner, auch nicht die Gewerkschaften!

Wer nicht bummelt und wer Gleitzeitregelungen nicht mißbraucht, braucht doch keine Kontrolle durch unbestechliche Stechuhren zu scheuen.

Der Ordnung und Sicherheit wegen haben alle Autofahrer Radar- und Verkehrskontrollen in Kauf zu nehmen. Deswegen und auch der Gleichberechtigung zwischen Arbeitnehmern in der Industrie und im öffentlichen Dienst wegen und als Steuerzahler erst recht würde ich die Einführung von Zeiterfassungsgeräten im öffentlichen Dienst begrüßen.

Dipl.-Ing. Raden Soetarjono, Bln. 49

Stechuhren und die Gewerkschaften

Die Stellungnahme der ÖTV erweckt den Eindruck, als ob die Gewerkschaften nur die Interessen der lauthals fordernden Bummelanten vertreten, nicht aber die der schweigenden arbeitsamen Mehrheit.

Wilhelm Schaffer, Bln. 21

Als seit 1958 in West-Berlin lebender Bürger entwarf und druckte ich 1976 Aufkleber, um meiner Verbundenheit mit ganz Berlin Ausdruck zu verleihen. Ich sendete diese auch an den damaligen regierenden Bürgermeister Schütz, der wie ich SPD-Mitglied war. Er antwortete mir sogar handschriftlich.

Dipl.-Ing. Raden N. Soetarjono

1 Berlin 49, den 6.11.1976
Krusauer Straße 129a

Herrn

Regierenden Bürgermeister
von Berlin KLAUS SCHÜTZ

John F. Kennedy-Platz
1 B e r l i n 62

Sehr geehrter Herr Regierender Bürgermeister Schütz !

Gestatten Sie mir bitte, mich hiermit mit meinen beiliegenden Berlin-Aufklebern vorzustellen. Ich bin Bürger dieser Stadt seit 1958, stamme aus Indonesien und habe seit 1971 die deutsche Stadtsbürgerschaft. Seit 1969 bin ich Mitglied der SPD. Zur Zeit bin ich in der Abteilung 13/9 als Kassierer ehrenamtlich tätig.

Aus meiner aufrichtigen Verbundenheit mit und aus meinem Engagement für Berlin habe ich die beiliegenden Plaketten selbst entworfen und anfertigen lassen. Meine Überlegung dabei war, Berlin mit einem Aufkleber so darzustellen, daß man mit einem Blick darauf die Situation der Stadt erfassen kann. Ich bin der Ansicht, daß man mit diesen Plaketten wirkungsvoll für Berlin im In- und Ausland Werbung machen kann. Denn auf diesen Aufklebern, die übrigens nicht nur für Autos sondern auch für Reisetaschen, Koffer und Windjacken geeignet sind, sind außer den Sprüchen "BERLIN BLEIBT DOCH BERLIN" bzw. "ICH BIN EIN BERLINER" auch die Konturen, die Teilungsgrenze und die 4 Sektorengrenzübergangstellen der Stadt ersichtlich.
Die DDR dürfte an dieser Darstellungsart Berlins nichts auszusetzen haben, da sie nichts provokatives darstellt. Auch laut Auskunft von Frau Dr. Wolff vom Verkehrsamt dürfte das Führen dieser Plaketten kein Hinderniss für die Fahrt durch die DDR bzw. in die DDR sein.

Ich bitte Sie, mir zu helfen, diese Plaketten an den Mann zu bringen, in dem Sie und der Senat von Berlin mir größere Posten dieser Aufkleber abnehmen und verteilen.
In der Hoffnung, daß Ihnen diese Aufkleber gefallen, empfehle ich Ihnen, sie z.B. Ihren Weihnachts- bzw. Neujahrsgrüßen an Ihre politischen Freunde und Gegner, besonders außerhalb Berlins, beizulegen.
Ich biete Ihnen diese Plaketten zum Selbskostenpreis von DM 143,00 pro 100-Stück an. Bei den Tankstellen und im Handel sollen sie circa DM 2,90 pro Stück kosten.

Ich hoffe hiermit einen bescheidenen Beitrag für die Berlin-Werbung tun zu können.

Hochachtungsvoll

Klaus Schütz

Berlin, den 19. August 1977

Lieber Raden Soebarjono,

über Deinen Brief habe ich mich sehr gefreut und für Deine guten Wünsche danke ich herzlich.

Wenn ich mein neues Amt angetreten habe, will ich gern sehen, ob Dein so interessantes Angebot für Berlin-Werbung realisiert werden kann.

Mit freundlichem Gruß

Dein

Klaus Schütz

Als 1989 die Schandmauer fiel, freute ich mich sehr und fühlte mich zu einer spontanen Aktion der Freude bewegt: Ich verteilte meine Aufkleber kostenlos an ehemalige Ost-Berliner, die freudestrahlend nach West-Berlin strömten. Über diese Aktion wurde unter anderem in der Berliner Morgenpost berichtet.

Zeichen der Einheit: Aufkleber von Leser Soetarjono. Repro: BM

Spontane Aktion der Freude

Zum Thema: „Faktische Beseitigung der Mauer 1989"

Sehr geehrte Damen und Herren,

seit 1959 lebe ich in dieser Stadt und erlebte die Dramatik des Mauerbaus im August 1961 von Anfang an hautnah. Deshalb gingen mir die unerwarteten Entwicklungen seit dem 9. 11. 89 auch richtig unter die Haut. Ich freue mich aufrichtig für die DDR-Bürger und habe Respekt für ihre Revolution von unten, die hoffentlich weiterhin friedlich und erfolgreich bleibt.

Spontan habe ich meine Feude und Mitgefühl den DDR-Besuchern gegenüber unter anderem durch kostenlose Verteilung des abgebildeten Aufklebers an die DDR-Bürger zum Ausdruck gebracht, deren Pkw am Kirchhainer und Lichtenrader Damm die zweireihige Autoschlange der rückkehrenden West-Berlin-Besucher bildeten. Leider hatte ich nicht genügend Aufkleber bei mir.

Die große Nachfrage und die dankbaren Gesichter der Autoinsassen spornen mich an, mit dieser Aktion weiterzumachen, denn die Texte dieser Aufkleber entsprechen meiner Überzeugung.

Mit freundlichen Grüßen
R. Soetarjono, Berlin 49

Ein Leser des Volksblattes Berlin hat mir handschriftlich eine Danksagung übermittelt für meinen am Freitag, dem 29.Dezember 1989, veröffentlichten Leserbrief. Darin hatte ich kritisiert, dass keiner der vier prominenten Redner am Brandenburger Tor am 22.12.1989 Willy Brandt und Gorbatschow für ihre Verdienste gedankt hatte (siehe Leserforum des Volksblattes). Der gleiche Artikel wurde im Tagesspiegel vom 14. Januar 1990 mit dem Titel „Glückliches Volk" ebenfalls abgedruckt.

Leserforum

Ein Dankeswort

Ein bereits rollendes Rad zu beschleunigen ist viel einfacher, als ein stehendes Rad zum Rollen zu bringen und erst recht ein im Dreck steckendes Rad flott zu machen. Die Deutschland berührenden politischen Entwicklungen in Ost-Europa ist mit so einem Rad vergleichbar. Ihren absoluten Höhepunkt haben wir alle mit der Öffnung des Brandenburger Tores auf friedliche Weise und mit den Ereignissen in Bukarest in blutiger Form in diesen Tagen erlebt.

Ich finde es bedauerlich, daß keiner der vier prominenten Redner am Brandenburger Tor am 22. 12. 1989 die Männer, die das Rad der deutschen Nachkriegsgeschichte im Osten aus dem Dreck gezogen bzw. das Rad in Bewegung gesetzt haben, mit einem Dankeswort bedachte. Ohne die Ostpolitik der sozialliberalen Koalition und dem Kniefall von Willy Brandt sowie ohne die Perestroika und Glasnost von Michail Gorbatschow wären die Umwälzungen der letzten 6 Wochen in der DDR nicht möglich gewesen.

Es gibt zwar Stimmen, die meinen, ohne die Politik der Stärke Ronald Reagans gäbe es keine Perestroika und Glasnost. Diese Meinung ist insoweit falsch, denn, wäre Leonid Breschnew noch an der Macht an Stelle von Gorbatschow, wäre das Wettrüsten in Ost und West weiter fortgeführt worden. Die Folge davon wäre ein drohender wirtschaftlicher Kollaps der Sowjetunion, der Breschnew zur Kurzschlußhandlung veranlassen würde: Der 3. Weltkrieg wäre da! Von Europa und besonders Deutschland wären nur Trümmer übrig.

Gott sei Dank verstarb Breschnew, und sein Nachfolger Gorbatschow war und ist mutig genug, der Rüstungseskalation der USA eine Friedensoffensive mit Rüstungsabbau entgegenzusetzen.

Bundespräsident von Weizsäcker kommentierte die Ereignisse in der DDR seit dem 9. November 1989 zu Recht mit den Worten: „Niemand kann sich rühmen, vorher gewußt zu haben." Ahnen könnte höchstens Gorbatschow, der mit seiner Politik den Wind gesät hat, der sich zunehmend zu einem Orkan über Osteuropa entwickelte und nach und nach alle kommunistischen Regierungen dort hinwegfegte. Wenn die Deutschen in Ost und West jetzt die schönsten Weihnachtsfeiertage seit dem Ende des 2. Weltkrieges erleben und genießen konnten, dann haben sie das vornehmlich Michail Gorbatschow zu verdanken. Bei aller Euphorie der deutsch-deutschen Beziehungen sollte die reiche Bundesrepublik Deutschland nicht vergessen, der Sowjetunion weiter und kräftig zu helfen, damit Gorbatschow nicht scheitert.

Die Deutschen sind – wie Walter Momper auch einmal sagte – zur Zeit das glücklichste Volk auf der Welt. Ein Grund um stolz zu sein ist dies allerdings nicht, denn dieser Umstand ist nicht ausschließlich den Deutschen selbst zu verdanken, sondern dem Umfeld der Deutschen, d. h. den Nachbarn, den Verbündeten und den Siegermächten des 2. Weltkrieges.

Man sollte eher dankbar dafür sein, daß man nach einem von Deutschen angefangenen und zum Schluß bedingungslos verlorenen Weltkrieg so lange in Frieden und Wohlstand – wenn auch in getrennten Staaten und mit unterschiedlichem Wohlstandsniveau – leben darf.

Die Teilung Deutschlands in zwei Staaten, DDR und BRD, war natürlich für die betroffenen Menschen schmerzlich. Aber die Teilung war zum Glück nie vollkommen gewesen, denn die Siegermächte haben bei der Teilung der Zonen bewußt einen Anker in Form von West-Berlin in die Ostzone geworfen, der mit drei starken Seilen (Berlin-Korridore) mit dem Westen verbunden bleibt. Anders als die hermetische Teilung Koreas in Nord- und Süd-Korea blieben die menschlichen Kontakte zwischen Ost- und West-Deutschland dadurch bestehen. Dies ist wiederum die Grundlage der Hoffnung auf eine Vision der Vereinigung der beiden deutschen Staaten.

Deutschland in den Grenzen von 1937 als politisches Ziel zu setzen, obwohl dieses Deutschland 1939 den Krieg gegen sämtliche Nachbarn angezettelt und 1945 bedingungslos kapituliert hat, bedeutet eine Rechnung ohne den Wirt zu machen. Es ist also nicht einmal eine Vision, sondern eine Illusion, die die Nachbarn irritiert und dem Frieden in Europa nicht dienlich ist. In dieser Hinsicht haben die FDP- und die SPD-Bundespolitiker offensichtlich das bessere Fingerspitzengefühl als die Unionspolitiker. Besonders der Herr Bundeskanzler Kohl sollte ruhig mehr von seinem Außenminister Genscher lernen, wie man behutsam auf internationalem Parkett Politik macht.

Ich wünsche allen Lesern ein friedvolles 1990!

Dipl.-Ing. Raden N. Soetarjono, Lichtenrade

HARTMUT SAWITZKI

1 Berlin 33 ; den 30.12.89
Laubacher Str. 28
Tel. (0311) ~~8219522~~ 822 3791 – 822 0685
Postscheck Konto 56777-101 Berlin West

Sehr geehrter Herr Soekarjono

Anbei den von Ihnen verfaßten Leserbrief vom Volksblatt Berlin vom 29.12.89.

Ihr Brief hebt sich wohlwollend von anderen Leserbriefinhalten

und ich bin in allen Punkten ganz Ihrer Meinung.

Ob die Springerpresse Ihren Brief auch abgedruckt hätte?

Ich habe da so meine Zweifel.

Ihnen und Ihrer Familie ein gesundes Jahr 1990

und möge uns der Frieden erhalten bleiben

Mit freundlichen Grüßen

Ihr Hartmut Sawitzki

In der Berliner Morgenpost vom 11. 11.1990 wurde mein Leserbrief mit der Überschrift „Berliner bluten am meisten für die deutsche Vereinigung" veröffentlicht.

BERLINER MORGENPOST 11.11.90

Berliner bluten am meisten für die deutsche Vereinigung

Zum Thema: „Opfergabe"

Sehr geehrte Damen und Herren,

immer mehr stellt es sich heraus, daß die Berliner (West-Teil) Steuerzahler, insbesondere die Arbeitnehmerschaft, diejenigen sind, denen für die deutsche Einheit das größte Opfer abverlangt wird. Ich behaupte sogar, daß wir – (West-) Berliner – die Opfergabe der Bundesrepublik Deutschland für die Vereinigung beider deutschen Staaten sind.

Mit Berlin-Förderung vom Westen und der Berliner Mauer vom Osten standen wir 30 Jahre lang sozusagen wie ein Leuchtturmhaus, voll mit Sand und Zement gefüllt, an der Ostsee. Jetzt stehen wir – ohne Mauerwerk und bald ohne Zement – praktisch wie eine Sandburg an der Nordsee, denn die sozial- und wirtschaftspolitischen Wellenschläge aus dem Osten kommen verstärkt auf uns zu. Was das bedeutet, kann sich jeder selbst ausmalen.

Von der Logik her müßten Berlin (West-Teil) und die ehemaligen Zonenrandgebiete nach dem Wegfall der Mauer eigentlich verstärkt gefördert werden, damit sie imstande sind, nicht nur ihren eigenen Stand zu halten, sondern ihre unmittelbare Umgebung, das heißt die neuen Bundesländer, sozial und wirtschaftlich mit hochzureißen. Was taten unsere schlauen Politiker? Genau das Gegenteil davon.

Ebenso unlogisch sind viele ihrer Maßnahmen der jüngsten Zeit zu beobachten: Durch die zunehmende sozialbedingte Unruhe in und um Berlin sollten die Ordnungskräfte verstärkt werden. Stattdessen streicht man Planstellen.

In den neuen Bundesländern werden die Arbeitslosigkeit von Hunderttausenden in Kauf genommen und den Berlinern (West-Teil) die Arbeitnehmerzulagen gekürzt.

Gleichzeitig erhöhten die Abgeordneten in den Parlamenten jedoch (fast) einstimmig ihre Diäten und redeten von Solidarität mit den Armen. Frau Süssmuth verteidigte die Diätenerhöhung mit dem Argument, daß die Abgeordneten oft eine 70-Stunden-Woche hätten. Sie verschwieg dabei, daß diese Stunden bei den meisten von ihnen durch nebenamtliche Tätigkeiten in Aufsichtsräten, Vorständen und anderen lukrativen Gremien entstanden sind.

Merken die Politiker nicht, wie sehr ihr Verhalten die politische Verdrossenheit unter der Bevölkerung fördert? Politische Verdrossenheit ist der Anfang vom Ende unserer Demokratie.

Ich mache mir große Sorgen um die Zukunft Berlins, der Stadt, in der ich seit 1958 gerne lebe.

Mit freundlichen Grüßen
Dipl.-Ing. R. Soetarjono, Berlin 49

In der Ausgabe der Berliner Morgenpost vom 28. Februar 1992 war mein Leserbrief mit der Aufschrift „Nach dem Black Out: Schelte für die Bewag – aber kein Wort des Dankes." zu lesen.

BERLINER MORGENPOST

SEITE 20 – FREITAG, 28. FEBRUAR 1992

Nach dem Black out: Schelte für die Bewag – aber kein Wort des Dankes

Zum Thema: „Strominsel West-Berlin"

Sehr geehrte Damen und Herren,

die elektrische Energie ist die hochwertigste Form aller Energien. Sie ist sauber, zur Erzeugung beliebiger Quantität und Qualität aller anderen Energien unentbehrlich und sie ist wie keine andere schnell zum Bestimmungsort zu transportieren. Voraussetzung ist natürlich das Vorhandensein der Transportwege, zumal der elektrische Strom nicht zu lagern ist, sondern zu dem Zeitpunkt erzeugt werden muß, wenn die Verbraucher ihn gerade benötigen.

Somit sind nicht nur die Erzeugung, sondern auch der Transport und die spannungsmäßig fein abgestufte Verteilung des elektrischen Stromes wichtig für die Verbraucher. Hierfür sind sehr komplizierte Regelungs-, Sicherungs- und Schutzsysteme notwendig. Direkt boshaft finde ich deshalb die Mutmaßung beziehungsweise Unterstellung, daß die Großstörung von der Bewag beziehungsweise einem Mitarbeiter absichtlich herbeigeführt wurde.

Der Strom aus der Steckdose ist für die Berliner eine Selbstverständlichkeit geworden wie die Luft zum Atmen, so daß sie vergessen, was alles dahinter steckt. Dies führt offensichtlich dazu, daß zum Beispiel Staatssekretär Dr. Kremendahl, statt Dankesworte für die schnelle Behebung des größten Blackouts der Nachkriegszeit in unserer Stadt an die Bewag-Mitarbeiter zu richten, sich über die angeblich schlechte Informationspolitik der Bewag echauffierte. Er vermittelt so den Eindruck in der Öffentlichkeit, als ob er etwas zur Behebung der Störung beigetragen hätte, wäre er früher informiert worden.

Wenn Herr Dr. Kremendahl etwas Ahnung von technischen Zusammenhängen der Elektrizitätswirtschaft hätte, würde er sich nicht so unsachlich verhalten. Er sollte sich lieber um die schnelle Anbindung West-Berlins an das westeuropäische Verbundnetz bemühen.

Übrigens: Die Hunderte von Millionen Mark Mehrkosten der Trassenverkabelung gegenüber der Freileitungslösung würden viel effektiver zur Reduzierung der Umweltverschmutzung beitragen, wären sie in Umweltschutzmaßnahmen in Ost-Berlin oder in unserem Umland investiert.

Mit freundlichen Grüßen
R. Soetarjono, Dipl.-Ing., Berlin 49

Ebenso erschien in Der Tagesspiegel vom 23. August 1992 mein Leserbrief „Berlin ist immer noch eine Insel".

Berlin ist immer noch eine Insel

Die EG-Maßnahmen zur drastischen Streichung der Investitionszulagen sind der letzte Beweis dafür, daß West-Berlin, die Frontstadt und das Schaufenster des Westens im kalten Krieg, mit dem Fall der Mauer endgültig als solches ausgedient hat. Langsam wird West-Berlin heruntergefahren bis zum Niveau seines Umlandes, denn ohne gewaltige Energiespritzen aus den Altbundesländern bzw. vom Bund kann West-Berlin den Gleichstand mit den alten Bundesländern nicht aufrecherhalten, geschweige denn die Lokomotiv-Funktion für die umgebenden neuen Bundesländer übernehmen.

Die Bundesregierung und die meisten Bundesländer vertreten die Meinung, daß die Berlin-Förderung gestrichen werden muß, da West-Berlin nach der Einigung keinen Inselstatus mehr hat, sondern ein Bundesland ist wie andere Bundesländer in Westdeutschland auch. Dabei verkennen und ignorieren sie die Tatsache, daß West-Berlin auch nach der Einigung seine Insellage behält, denn solange unsere Umgebung, d. h. die neuen Bundesländer sowohl wirtschaftlich als auch politisch und in sozialer Hinsicht noch nicht den gleichen Stand hat wie das „Bundesdeutsche Festland", bleibt West-Berlin eine Insel. Im Gegensatz zu der Zeit vor der Wende, als West-Berlin per Nabelschnur mit dem bundesdeutschen Festland verbunden war und durch das Viermächte-Abkommen sowie durch die Mauer geschützt wurde, steht West-Berlin jetzt wie eine einsame Insel in einem zunehmend rauhen Meer. Der einzige Strohhalm, den wir West-Berliner haben, ist die künftige Haupstadtfunktion.

Bis dahin jedoch werden wir zunächst auf das Niveau von Brandenburg nivelliert werden, zumal Herr Diepgen offensichtlich alles tun will, um Berlin mit Brandenburg schnellstens zu verschmelzen.

Ich kenne Berlin schon lange vor dem Bau der Mauer und identifizierte mich mit dem damaligen Geist der West-Berliner.

Wo ist dieser Kampfgeist geblieben? Wir ließen uns doch damals weder von den Sowjets, noch von der DDR und auch nicht von manchen westdeutschen Politikern, die West-Berlin am liebsten abschreiben wollten, kleinkriegen. Warum wehren wir uns jetzt nicht gegen die Demontage? Wenn wir alle Streichungen aus Bonn und Brüssel klaglos hinnehmen und den Lösungsweg ausschließlich den Politikern überlassen, sind wir verloren.

Wir sollten in Massenkundgebungen kraftvoll unsere Unzufriedenheit gegenüber Bonn und Brüssel demonstrieren, damit unsere Volksvertreter die Stimmungslage der West-Berliner ernst nehmen. Andernfalls werden nicht nur die Unternehmen, sondern auch unsere jungen Bürger die Stadt wegen Perspektivlosigkeit verlassen.

Dipl.-Ing. R. N. Soetarjono
Berlin-Lichtenrade

Zum Artikel „Die schwierigste Phase der bundesdeutschen Politik bricht an" in der Berliner Morgenpost wurde meine Stellungnahme dazu („Spitzenstellung ist nicht zu halten") am 15. Juni 1996 abgedruckt.

Spitzenstellung ist nicht zu halten

„Die schwierigste Phase der Politik bricht an"

Sehr geehrte Redaktion,

der hohe Lebensstandard in Deutschland ist zweifelsohne das Ergebnis des kontinuierlichen Aufbaus der deutschen Wirtschaft seit dem Ende des Zweiten Welkrieges bis zum Zusammenbruch des Ostblocks.

Mit dem Marshallplan als Startkapital und durch die geopolitische Lage Deutschlands als Frontstaat war es im Interesse des Westens, besonders der USA, daß Westdeutschland in jeder Hinsicht, das heißt wirtschaftlich, sozial und politisch, stark und stabil wurde.

Durch die beispielhaft konstruierte Verfassung konnte die Bundesrepublik Deutschland ihre Wirtschaft, eingebettet in dem durch Tarifautonomie der Arbeitgeber und der Gewerkschaften gewährleisteten sozialen Frieden, stetig auf- und ausbauen.

Die Tarifautonomie, die die Machtparität zwischen Kapital und Arbeit darstellt, war und ist (noch) die stärkste Säule der sozialen Marktwirtschaft und des sozialen Friedens in Deutschland der vergangenen 50 Jahre.

Die Flächentarifverträge, die die Gewerkschaften erkämpft hatten, waren die Voraussetzungen dafür, daß die Verbesserung des Lebensstandards der arbeitenden Menschen in Deutschland ziemlich gleichmäßig vonstatten ging.

Die Rahmenbedingungen dafür waren nicht nur die Frontstellung der Bundesrepublik Deutschland, sondern auch die fehlende Liberalisierung der Weltwirtschaft. Die

Fröhlich und unbeschwert gibt sich die heutige Jugend. Sie erlebte überwiegend gute Zeiten. Was aber bringt die Zukunft? Foto: Ullstein

Parität zwischen Kapital und Arbeit konnte in Deutschland gewährleistet werden, solange das Kapital nicht die heutige Mobilität besaß. Kapital zu verlagern war wegen der politischen und sozialen Instabilitäten außerhalb Deutschlands für die Investoren nicht opportun.

Diese Rahmenbedingungen haben sich in den letzten Jahren gewaltig zugunsten des Kapitals verändert. Die Liberalisierung der Weltwirtschaft und die Europäische Union machen es der Kapitalseite leichter, dort Geld zu investieren, wo es sich am schnellsten vermehren kann.

Verstärkt durch die zunehmende Konzentration des Kapitals werden Konkurrenten beiseite gefegt und geschluckt. Um so mehr hat das Großkapital Standortsauswahl für seine Geldanlage.

Der Faktor Arbeit – bedingt durch das erreichte Niveau an Wohl- und Besitzstand der Deutschen – hat aufgrund der vorgenannten Veränderungen der Rahmenbedingungen in der Weltwirtschaft nicht mehr die Machtparität wie vor Jahren. Für Deutschland kommt verstärkend noch der Zusammenbruch des Ostblocks hinzu, der das Lohnniveau hierzulande in schwindelnder Höhe erscheinen läßt.

Ein derart hohes Niveau an Wohlstand und Einkommen zu erreichen, war rückblickend gesehen leichter als die erreichte Spitzenstellung zu erhalten.

Der Konflikt, der zwischen den Besitzstandshabenden und den Nichtbesitzenden aufkeimt, ist nicht nur auf die Arbeitswelt zu beschränken. Hier droht meines Erachtens auch ein möglicher Generationskonflikt. Die heute über 40jährigen haben meistens ihr gesichertes Einkommen in Form von Lohn, Gehalt, Rente oder anderen Altersversorgungen. Und sie leben länger als je ihre Generation zuvor lebte und verteidigen ihren Besitzstand.

Was haben die Jugendlichen von heute? Sie sind in eine Wohlstandsgesellschaft hineingeboren worden und darin aufgewachsen, kennen keine Entbehrungen, weshalb sie auch eine hohe Anspruchshaltung im Leben haben.

Die meisten von ihnen werden den Besitzstand ihrer Eltern meiner Einschätzung nach wahrscheinlich nie selbst erarbeiten können; es sei denn, sie kommen durch Erbschaft zum Vermögen.

Wenn die Älteren nur ihre Besitzstände verteidigen und die Jugendlichen nichts haben, werden die Generationskonflikte nicht ausbleiben. Die Lehrstellenmisere stellt schon eine Zeitbombe mit nicht zu unterschätzendem sozialen Sprengstoff dar. Außerdem kommt noch die Pespektivlosigkeit der vielen Schul- und Hochschulabsolventen hinzu.

Ich glaube, daß jetzt die schwierigste Phase der bundesdeutschen Politik anbricht, die politische Landschaft so umzubauen, daß der innere Frieden in Deutschland im Einklang mit der Einigung Europas gewährleistet wird.

Dipl.-Ing. R. N. Soetarjono,
Berlin-Lichtenrade

SCHLUSSWORT

Verehrte Leserinnen und Leser, ich danke Ihnen, dass Sie mein erstes und sehr wahrscheinlich letztes Buch gelesen haben. Ich hoffe, dass ich als deutscher Staatsangehöriger, der die deutsche Sprache nicht mit der Muttermilch aufgesogen hat, der kein gebürtiger Europäer ist und kein europäisches Blut in seinen Adern hat, kurz gesagt als Migrant, mit diesem Buch mehr Verständnis für die Vielfältigkeit der Menschen in unserer Gesellschaft vermittelt habe.

Angesicht der Tatsache, dass ich dieses Buch während der Corona- bzw. Covid19-Zeit geschrieben habe, möchte ich mein Schlusswort diesem Umstand widmen.

Die Menschen auf dieser Erde meinen an Gott, unseren Schöpfer und Lebensentscheider, zu glauben. Andererseits meinen viele, in ihrem irdischen Leben könnten sie ihren Lebensentfaltungsraum nach ihrem Willen ausnutzen und diesen mit ihren Technologien, dem Ergebnis des menschlichen Wissens, missbrauchen.

Es gibt den Spruch: „Glauben heißt Nicht-Wissen". Die Umkehrung davon lautet „Wissen heißt Nicht-Glauben". Meine Meinung ist wie folgt: Wer gottgläubig ist, weiß bzw. rechnet damit, dass Gott über den Tod bestimmt, ohne, dass wir wissen, wann.

Wer an sich und sein vermeintliches Wissen glaubt, meint, den Tod verschieben, ja sogar vermeiden zu können. Unser von Gott festgelegtes endliches Leben soll unendlich gemacht werden.

Aber Gott ist da, und zwar ständig, und für uns ist ER nicht zu sehen, nicht zu riechen, nicht zu hören, nicht zu schmecken und nicht zu spüren. Das sind auch die Eigenschaften des Coronavirus, einschließlich seiner vielen Mutationen. Deshalb betrachte ich die Corona-Pandemie als göttliche Warnung an uns Menschen, die Entwicklung der menschengemachten Technik und Technologien - besonders zuletzt im digitalen Bereich - nicht weiter zu übertreiben.

Der sogenannte Fortschritt der menschlichen Entwicklung und die zunehmende Geschwindigkeit der von Menschen gemachten Technik und Technologien wird dessen Verderben bringen, weil die soziale Kluft unter den Menschen sich asymptotisch bis ins Verderben entwickeln wird bzw. dies schon tut.

Aus diesem Grund möchte ich meine Mitmenschen dazu aufrufen, sich der Pflege ihres Lebensentfaltungsraums zu widmen - der Erde, deren Lebewesen, inklusive uns Menschen und generell allen von Gott geschaffenen Dingen.

Statt weiter auf Konsum und technologische Fortschritte zu bauen, sollten wir uns eher damit befassen, die natürlichen Ressourcen unserer Umwelt auf allen Ebenen - abstrakt und konkret - wiederaufzubauen.